96698-CS

PINO PERSICO

KALABRIEN NÜRNBERG MALLORCA

PINO PERSICO

Kalabrien. Nürnberg. Mallorca

DAS KOCHBUCH

TEXT VON INGA GRIESE

BILDER VON MARC REHBECK

COLLECTION ROLF HEYNE

Es war ein herrlicher Abend gewesen in Modena. Luciano Pavarotti, die Spice Girls, Stevie Wonder, Celine Dion, Jon Bon Jovi, Eros Ramazotti hatten die Bühne gerockt und die Herzen erreicht – und das auch noch zugunsten der armen Kinder Liberias. Alles fühlte sich also richtig an an diesem Tag Anfang Juni 1998. Beseelt fuhr Giuseppe Persico, den alle, mit Ausnahme seiner Mutter, »Pino« nennen, zurück nach Nürnberg, packte nur kurz den Fiat Uno voll mit seinen persönlichen Dingen und gab Gas, Richtung Süden. Von den Freunden und Bekannten und dem alten Dasein verabschiedet hatte er sich schon, der Abstecher zum »Pavarotti & Friends«-Konzert war quasi die Ouvertüre zu einem neuen Lebensakt. Nun war er unterwegs nach Barcelona, zur Fähre nach Mallorca. Auf der Rückbank einen Fernseher – weil es keine guten Geräte auf der Baleareninsel gab – sowie ein paar Klamotten. Die Zukunft erschien ihm so sonnig wie das Wetter.

Er war ja keiner Laune, schon gar nicht einer schlechten, gefolgt, als er beschloss, mit bald Ende 30 die Zelte in Deutschland abzubrechen. Es war auch keine Entscheidung gegen Nürnberg und das Leben dort, sondern nur für Mallorca und für einen neuen Start. Oder besser gesagt, einen weiteren. Schließlich hatte er schon häufiger, getreu der alten Devise »man soll aufhören, wenn es am schönsten ist«, seinen Lebensrahmen verändert.

Er war ja »wer« in Nürnberg. Ein Prominentenwirt, wie es immer so schön heißt. Auch wenn Pino sich selbst schlicht als Wirt, als Gastgeber, sieht. Halt eben einer hauptsächlich mit Gästen, die manche nur aus der Zeitung oder aus dem Fernsehen kennen oder aus beidem.

Nur einmal war er wirklich ein bisschen nervös. Da hatte er schon das »Campino« in Camp de Mar, und der spanische König kündigte sich zum Essen an. Mallorca ist ja das Sylt der spanischen Königsfamilie. Natürlich hatte nicht der Monarch selbst angerufen, um einen Platz im angesagten Restaurant am Golfplatz de Andratx zu reservieren. Die offizielle Vorhut kam ein paar Tage zuvor, Sicherheitsbeamte mit Hunden, die sich durch Gastraum, Küche und Terrasse schnüffelten. Terror lauert auch im Paradies. Pino war schwer beeindruckt, die Sicherheitsleute entspannt, erklärten, so ein Restaurantcheck wäre für sie »Urlaub« im Verhältnis zu den Vorkehrungen im Festlandsalltag. Genauso entspannt war dann auch der König, der locker mit dem Maître auf Italienisch plauderte und in Begleitung seiner Frau Sofía und deren Bruder, Konstantin von Griechenland, erschien. Weswegen »Moussaka« auf den Tisch kam. Was sonst noch besprochen wurde?

Eine ruhige Minute, kurz die letzten Tagesereignisse nachlesen – das ist bei mir zu Hause ein Kunststück. Denn nicht nur Cassian, der Nunu gerufen wird, hält alle auf Trab, auch seine Freunde wie der Sohn meines Gärtners, Irving, haben unser Haus zum Treffpunkt der »Gang« erkoren.

Pino wäre kein solch geschätzter Wirt für die Prominenz, wenn er nicht schweigen könnte.

Aber nicht allein deswegen ist er längst kein Tellerwäscher mehr. Oder Olivenbauer in der italienischen Stiefelspitze, zum Beispiel.

In Deutschland war Arbeit. In Kalabrien nicht. Also war die Sache klar. Antonietta und Francesco würden mit Carmela nach Deutschland gehen. Nur der kleine Pino würde bei den Großeltern väterlicherseits bleiben. Er war ja erst elf. 1974. Als man noch von Gastarbeitern sprach.

Nein, Pino fand das nicht witzig, auch wenn er seine Großeltern liebte. So wie es sich gehörte für einen guten italienischen Jungen. Aber eben doch irgendwie allein bleiben, ohne mamma und papà und die große Schwester, die einzige? Das tat schon weh. Obwohl er immer ein selbstständiges Kind gewesen ist. Er hatte viele Freiheiten, konnte ja nicht verloren gehen im Ort, in dem jeder jeden kannte. Und nie hat er seine Mutter gefragt: »Machst du mir etwas zu essen?« Schon als kleiner Junge ging er allein an den Herd, briet sich einfach zwei Spiegeleier – »und gut war«.

Diskutiert wurde über den Umzug nicht. So wie Carmela auch nicht gefragt wurde, wie es ihr wohl gefallen würde, alle Freunde, alles Gewohnte zu verlassen und in den fremden Norden zu ziehen. Auch wenn es Deutschlands Süden war. Aber ihr Süden, das waren Sonne und Wärme und weiter Blick übers Meer und Strand, der Duft von Zitronen und Tomaten und Kräutern. Nicht Nürnberg und Rostbratwürstchenschwaden. Doch zwei Enkelkinder wären einfach zu viel gewesen für Oma Antonietta und Opa Carmine. Bei aller Vernunft der Großen, bei aller Anhänglichkeit des Kleinen.

Nicht, dass die Eltern hartherzig gewesen wären. Ganz im Gegenteil. Aber der Traum wollte gelebt werden. Und die kleine Stadt Corigliano Calabro, die von einem Hügel des Sila-Gebirges Haus an Haus herabfließt und deren historisches Zentrum noch aus dem Mittelalter stammt, war dafür nicht der richtige Ort. Jedenfalls zunächst. Hier sollte zwar eines Tages der Traum in Erfüllung gehen, doch erst einmal musste Geld her. Und davon gab es im tiefen Süden Italiens nicht viel, und noch weniger davon war zu verdienen. Jedenfalls, wenn man nicht zur Mafia gehörte, die in Kalabrien unter »Ndrangheta« firmiert und seit ewigen Zeiten ihrer Kriminalität nachgeht. Weniger romantisch, als Hollywood bisweilen vermuten lässt.

Lavinia ist Mitglied der »Gang«, sie ist die Tochter meines Arztes.

Die meisten Kalabresen aber versuchten, mit und in der Land- und Forstwirtschaft, mit dem Anbau von Wein und Zitrusfrüchten über die Runden zu kommen. Es gab nur wenig Industrie, erst allmählich griffen erste Wirtschaftsreformen, die Arbeitslosenquote lag, wie heute noch, deutlich über dem nationalen Durchschnitt. Man ging nach Deutschland, wo das Wirtschaftswunder zu Hause war, wo die Perspektiven alles zu versprechen schienen. Die Ölkrise Anfang der Siebzigerjahre hatte zwar die Stimmung gedämpft, aber verglichen mit den Bedingungen auf dem italienischen Land, war die Bundesrepublik immer noch so etwas wie ein Hauptgewinn. Zumal die Deutschen die Selbstverwirklichung entdeckt hatten und sich für manche Jobs bereits zu fein waren. Es gab mehr Arbeit als Nachfrage, vor allem, wenn es um »billige« Tätigkeiten ging.

Und so war »Bella Italia« nicht nur zum Urlaubstraum der Nachkriegsdeutschen geworden, sondern es hatte in den frühen Sechzigerjahren schon die Gegenbewegung eingesetzt: Die Deutschen juckelten als Feriengäste im VW-Käfer gen Süden, die Italiener als Arbeitsgäste im Fiat gen Norden. Und sie brachten zum Glück ihre Lebensart mit über die Alpen.

Nürnberg war eigentlich bekannt als militärischer Stützpunkt der Amerikaner.

Doch aus der Familie Persico hatten schon einige in der Region Arbeit gefunden. Ein Cousin erzählte: »Da ist viel zu tun«, und schon hatten sich die anderen aus dem Dorf auf den Weg gemacht. Zwischen Nürnberg und Feucht hatte sich quasi ein kleines Corigliano angesiedelt. Nicht nur Vater Francesco arbeitete in den Fella-Werken, einem auf Landmaschinen spezialisierten Betrieb.

Pino verstand sich gut mit seinen Landsleuten, aber hielt sich doch fern. Die Pflege der italienischen Kultur und seiner alten Kontakte behielt er bei, gleichwohl ging er eigene Wege, hatte viele deutsche Freunde, orientierte sich über Sippengrenzen hinweg. »Sonst bleibst du in diesem Kreis. Heiratest irgendwann eine Landsfrau, hast fünf Kinder und tschüss, auf Wiedersehen, das war's.« Nein, ein Klein-Häuschen-Leben in Kalabrien am Meer, das tauchte nicht auf in Pinos Träumen, die immer in unterschiedlichen Sprachen ablaufen. Italienisch, manchmal spanisch, meistens deutsch. Das mit den Jahren auf Mallorca den starken fränkischen Dialekt verloren hat.

Mein Neffe Luigi, mit dem ich kürzlich meine »Campino Bar« in Port d'Andratx eröffnet habe, kann nun nicht mehr so relaxed dem Müßiggang frönen. Oftmals und gern helfe ich Freunden, Verwandten und ehemaligen guten Angestellten bei ihrem Weg in die Selbstständigkeit. Schließlich hatte auch ich immer wieder das Glück, Unterstützung von guten Freunden und ehemaligen Chefs zu erhalten.

Der seinerzeitige italienische Generalkonsul Alessandro Grafini schrieb im Juni 1980 in einem Beitrag für das »Deutsche Allgemeine Sonntagsblatt«:

»Im Jahr 1979 wurde die Rekordmarke von 4,14 Millionen Ausländern erreicht, die die Höchstzahl von 4,12 Millionen im Jahr 1972 vor der Wirtschaftskrise noch übertraf. Die Türken stellen die größte Gruppe … an dritter Stelle die Italiener mit 14 Prozent (etwa 600000 Personen).

Italiener, die als EG-Bürger nach Deutschland kommen, um hier zu arbeiten, fühlen, dass sie ein Land betreten, das rechtlich und kulturell dem ihren nicht völlig fremd ist … Sie neigen … zur Aufrechterhaltung der Bindungen an ihr eigenes Heimatland und zur selben Zeit zur Übernahme derjenigen Elemente aus der deutschen Wirklichkeit, welche ihren (vorübergehenden) Aufenthalt in diesem Land erleichtern. Diese Haltung wird durch ein eng gespanntes konsularisches Netz (14 Konsulate) sowie zahlreiche Vereine, Gewerkschaften, Hilfswerke, katholische Missionen und Parteien unterstützt, die alle mit ähnlichen Institutionen in Deutschland eng verwandt sind. Man kann somit von einer tatsächlichen Projektion der italienischen Wirklichkeit nach Deutschland hinein sprechen, innerhalb derer der italienische Arbeitnehmer in diesem Land lebt, ohne im Übrigen die Isolation zu riskieren. Denn alle eben genannten Institutionen bemühen sich, das Verständnis zwischen den Italienern und der deutschen Umgebung zu fördern.

Dies wird natürlich nicht immer optimal verwirklicht, und es gibt auch erhebliche Unterschiede, die mit der geografischen Lage der einzelnen Bundesländer zusammenhängen: Je nördlicher das Aufenthaltsland ist, desto mehr betonen die dort lebenden Italiener die Annäherung an die örtliche Umgebung und die Quasi-Integration in sie. In Bayern oder Baden-Württemberg dagegen bemerkt man eine größere Neigung zur Aufrechterhaltung der Bindungen zum Heimatland, das ja nur wenige Auto- oder Eisenbahnstunden vom Wohnort entfernt liegt.«

Es war natürlich nicht alles gut in der Bundesrepublik. Doch 1974, als die Persicos kamen, berappelte sich die Wirtschaft gerade wieder nach dem Schock und den Auswirkungen der Ölkrise. Im Juli war Deutschland nach einem Sieg über die Niederlande endlich einmal wieder – und zudem im eigenen Land – Fußballweltmeister geworden. Chartermaschinen voller sonnenhungriger Urlauber flogen immer häufiger auf die Balearen-Insel Mallorca, die »Putzfrauen«-Insel, wie sie im Volksmund hieß, in zynischer Anlehnung an den Mitte der Sechzigerjahre begon-

Glück und Pech, Fleiß und Faulheit – vieles bringt uns schlecht oder recht durchs Leben. Auf die »famiglia« konnte ich immer zählen: Luigi im Nahkampf mit Carmelo »il pulcinella«, dem Witzbold, einem ehemaligen Mitarbeiter und Freund.

nenen Billigtourismus. Vicky Leandros stürmte die Charts mit »Theo, wir fahr'n nach Lodz«. Die Rubettes schmetterten »Sugar Baby Love«, und ganz Europa rockte in Schlaghosen und Hippiebluse zu ABBAs »Waterloo« und »Honey Honey«. Zugleich lag ein dunkler Schatten auf dem Land: Die Achtundsechziger wollten die Gesellschaft umbauen, die Rote Armee Fraktion (RAF) sie gleich ganz in ihren Strukturen zerstören. Der harte Kern um Andreas Baader und Ulrike Meinhof war zwar mittlerweile inhaftiert, die Anschläge auf öffentliche Personen und staatliche Einrichtungen gingen jedoch weiter. Am 10. November 1974 wurde Berlins oberster Richter Günter von Drenkmann erschossen.

An all das dachten Antonietta und Francesco Persico nicht. Sie hatten ein klares Ziel vor Augen: In Corigliano Calabro wohnten sie in einem kleinen Häuschen in den Bergen, und noch Anfang der Siebzigerjahre zuckelten Pino und seine Schwester auf dem Eselchen ins Tal, um mit kleinen Fässern Wasser zu holen. Dennoch: es ging ihnen vergleichsweise gut, sie hatten sogar als eine der Ersten in der Gegend einen Fernseher. Ein Grund übrigens, wie Pino beim Erzählen augenzwinkernd vermutet, dass die Familie für süditalienische Verhältnisse recht klein blieb, nur zwei Kinder …

Mittlerweile haben alle im Ort ein iPhone.

Antoniettas Bruder hatte schöne Grundstücke unten am Meer. Eines bekam die Schwester, doch für ein Haus darauf reichte das Einkommen nicht. Und was machte man in jenen Jahren? Ging nach Deutschland für vielleicht fünf Jahre, verdiente gut und genug für ein Häuschen und kehrte in die Heimat zurück. So planten es auch die Persicos. Deshalb sollte der Bub ja auch bei den Großeltern bleiben. Noch drei Jahre zur Schule gehen, und dann wären sie auch schon wieder zurück.

Aber der Pino, der Bub, hatte keine Lust auf Schule, der wollte nach Deutschland. Und auch bei den Eltern wurden aus drei bis maximal fünf Jahren mehr als 20. Das Haus am Meer haben sie allerdings dennoch gebaut. Und seit Mitte der Neunzigerjahre leben sie auch dort.

Pinos Quengeln nützte nichts. Schwester Carmela litt in Deutschland, fühlte sich zerrissen und einsam, Pino fühlte sich verlassen und einsam in Kalabrien. Nur in den Sommer- und Weihnachtsferien kamen die »Deutschen« zu Besuch.

Franco »der Adler« Falco, ein langjähriger Freund aus Napoli.
Mein Neffe Luigi »ertrinkt« derzeit in neuen Geschäften.

Im dritten Sommer war es dann so weit: »Das wird wohl nichts mehr mit der Schule hier. Dann kommst du jetzt mit nach Deutschland«, stellte der Vater pragmatisch fest. Der Junge jubilierte: Si! Der nun 14-Jährige durfte also mit nach Nürnberg. Genauer gesagt ins mittelfränkische Markt Feucht, in einen Ort nahe Nürnberg. Dort wohnten viele aus Corigliano, auch die Vettern der Eltern, die von den guten Arbeitsmöglichkeiten erzählt hatten. Feucht ist ein Ort mit Tradition wie Corigliano. Im Mittelalter berühmt für seine Bienenzucht, war der Feuchter Honig einst die Basis für die Nürnberger Lebkuchen. Ende des 18. Jahrhunderts verkaufte der letzte Markgraf Karl Alexander die Gegend an Preußen, doch 1806 wurde die geografische Ordnung wiederhergestellt, und die Provinz ging an das Königreich Bayern.

Wobei die Feuchter es bis heute ablehnen würden, als Bayern bezeichnet zu werden. Sie sind Franken. Das hört man deutlich. Auch am Dialekt von Carmela, die zwar jung den Landsmann Settembre Capalbo heiratete, aber auch nicht zurückging zur Stiefelspitze, sondern wie der kleine Bruder ihr Auskommen in der Gastronomie fand. Heute führt sie von Mai bis September den Kiosk im Freibad Feuchtasia. Und wenn sie Urlaub hat, dann reist sie nach Mallorca, zum Bruder. »Wir lieben uns viel«, sagt sie mit ihrem charmanten italienisch-fränkischen Singsang. »Er kann immer anrufen. Und ich auch.«

Da fuhren sie also alle zusammen ins Frankenland, Ende August 1977.

Das Jahr, in dem Jimmy Carter zum US-Präsidenten gewählt wurde, Gaddhafi seine Macht in Libyen festigte, die Emanzipationsbewegung mit Alice Schwarzers »Emma« eine laute, gedruckte Stimme bekam. Als Fertiggerichte und Müsli die (verwaisten) deutschen Küchen eroberten, während ein gewisser Paul Bocuse in Frankreich mit der »Nouvelle Cuisine« für Furore sorgte. In London schockten Punker mit ihrem Äußeren und ihren aggressiven Rhythmen die konservativen Bürger, George Lucas schrieb mit »Krieg der Sterne« Kinogeschichte, während John Travolta und die Brüder Gibb mit »Saturday Night Fever« die Discowelle auslösten, Ikea zog in Alt- und Neubauten ein, das Schuldprinzip bei Scheidungen wurde abgeschafft. Das innerdeutsche Ministerium kaufte 90 politische Gefangene aus der DDR frei, Ost-Berlin verlangte 50 000 Mark pro Person. Die Konjunktur schwächelte wieder, die Jugendarbeitslosigkeit wuchs.

Lavinia und Norwin: Zwei der Rabauken, die gemeinsam mit Nunu das Leben auf meinem mallorquinischen Anwesen noch bunter machen. Der letzte Schrei bei den Kleinen: unsere neuen Mitbewohner, sieben Hennen und ein Hahn, der seine Sache hoffentlich gut machen wird …

Vor allem aber ging 1977 als »Terrorjahr« in die Geschichte ein. Der Mord an Generalstaatsanwalt Siegfried Buback kurz vor Ostern vergiftete das gesellschaftliche Klima, die formulierte »klammheimliche Freude« eines Göttinger Studenten und die folgenden Nachdrucke spalteten die Nation, und der damalige Bundeskanzler Helmut Schmidt sagte bei Bubacks Beerdigung: »Die Schüsse sollten dem Rechtsstaat überhaupt gelten.« Die Gewalt eskalierte.

Im Juli wurde der Bankier Jürgen Ponto von der RAF hingerichtet, zwei Monate später begann der »Deutsche Herbst«. Am 5. September wurde Arbeitgeberpräsident Hanns Martin Schleyer entführt, sein Fahrer und drei Polizeibeamte wurden gleich ermordet, Schleyer 43 Tage später. Ausgerechnet auf dem Rückflug vom Ferienparadies Mallorca wurde die Lufthansamaschine »Landshut« entführt, um inhaftierte RAF-Häftlinge frei zu pressen, die Entführten wurden allerdings in einer spektakulären Aktion von der GSG 9 befreit. Terrorangst grub sich tief in das Bewusstsein der Bürger ein, niemand sprach mehr von »klammheimlicher Freude«.

Zu dem Zeitpunkt ist Spanien noch eine Militärdiktatur unter General Franco, erst im Juni 1978 wird das Land in die parlamentarische Monarchie überführt, Juan Carlos auf den repräsentativen Thron gesetzt, Adolfo Suárez zum ersten Ministerpräsidenten seit 41 Jahren frei gewählt.

All das war allerdings weit weg, als Pino überglücklich durch die elterliche Wohnung in dem Feuchter Vierfamilienhaus lief, in dem nur Landsleute wohnten. Endlich angekommen! Die Eltern träumten noch davon, dass ihr Bub in die Schule gehen würde, aber was ihm in Italien nicht gefallen hatte, gefiel ihm in Deutschland erst recht nicht. Am 26. August waren sie angekommen, am 3. September, einem Samstag, hatte er bereits eine Stelle. In einer Pizzeria in Neumarkt in der Oberpfalz, 23 Kilometer von Feucht entfernt. Als Junge für alles. Vor allem die Schmutzarbeit. Wischen, waschen, sauber machen. Bis heute mag er keine Miesmuscheln, denn in der Pizzeria gab es einmal in der Woche einen Muscheltag. Und das bedeutete: Säckeweise und stundenlang musste Pino die Meerestiere mit einem kleinen Messer reinigen. Ein Jahr lang blieb er in der Pizzeria, 250 Mark gab es als ersten Lohn, er schuftete und sparte, wohnte auch in Neumarkt, fuhr am freien Tag einmal in der Woche mit dem Zug nach Hause. Zur Familie. Und zum Wäscheabgeben bei mamma. In diesem Winter sah er auch den ersten Schnee seines Lebens. Wachte an einem Novembermorgen auf und traute seinen Augen nicht. Der Schnee lag so hoch, dass man ihn durch das Fenster sehen konnte, ohne aufzustehen. Pino war schockiert. Das war nichts für das Sonnenkind.

Angelo Mezzadonna, mein langjähriger Freund

Im Gegensatz zur Schwester kam er gleich gut zurecht im neuen Land. Hatte kein Heimweh. Freute sich, bei der Familie zu sein, hatte generell wenig Schwierigkeiten, sich einzuleben. War lebhaft und anständig, aufgeschlossen und neugierig. Aber auch sich selbst klar darüber, was er wollte und was nicht. Schulunterricht eindeutig nicht. Gleichwohl musste er zur Berufsschule gehen, einen Tag pro Woche, das war Gesetz. Dass er anfangs kein Wort Deutsch sprach, war kein Problem. Erstens lernte er schnell die neue Sprache und zweitens war die Klasse ohnehin rein italienisch besetzt: die Schüler, der Lehrer, die Unterrichtssprache. Doch das Einzige, was Pino dort lernte, war Kartenspielen.

Zunächst hatte der Lehrer noch versucht, Lehrstoff zu vermitteln, doch die Jungs spielten unbeeindruckt weiter. Und der Lehrer kapitulierte. Was niemanden wirklich beunruhigte. Manchmal schimpften mamma und papà. Aber ihr Sohn war halt ein sturer Kopf und sie nicht übermäßig streng. Jedenfalls nicht in dem Bereich. Richtlinien gab es schon. Anstand war wichtig. Die Familie. Das Verhältnis ist immer innig geblieben. Pino konnte sich immer verlassen auf sie, sich sicher fühlen. Und umgedreht.

»Vor ein paar Jahren wurde mein Vater operiert. In Italien hatten sie ihn schon abgeschrieben. Da habe ich ihn direkt ins Albertinen-Krankenhaus nach Hamburg gebracht, und alles war gut. Drei Jahre später hatte er Magenkrebs. Da hab ich ihn in Erlangen operieren lassen. Das sind so Sachen, die sind selbstverständlich. Die Eltern haben viel für uns getan und wenn sie uns brauchen, dann müssen wir auch da sein.«

Bei Pino ist das kein Gerede.

»Die Eltern bleiben in dir. Sie versuchen, die Kinder auf die richtige Bahn zu lenken, sie zu beschützen und ihnen zu erklären, was schlecht ist und was gut. Das bleibt auf ewig im Hinterkopf. Natürlich gab es als Jugendlicher immer Momente, in denen man denkt: Hey, das wäre es jetzt doch. Und dann meldet sich eine Stimme. Oh, aber, du, lieber nicht … stell dir mal vor, Vater erfährt das, um Gottes willen.

Ich werde es nie vergessen, einmal in meinem Leben habe ich ein Sweatshirt geklaut. Schrecklich. Nie wieder. Ich hatte damals 20 Mark in der Tasche und bin mit meinem Cousin zum

Meine mamma Antonietta und mein Vater Francesco tanzen auch mit 71 und 78 Jahren noch gern durchs Leben. Bei ihrem letzten Besuch war mamma Antonietta sogar bis 5 Uhr früh mit mir unterwegs. Und papà bewies schon damals, als er seine Liebe kennenlernte, sportliche Ausdauer, denn sie lebte unten, am Fuß des Berghangs seines Heimatdorfs. Der Rückweg war also umso beschwerlicher …

Kaufhof gegangen. Und ich weiß es wie heute noch, da gab es ein weißes Baumwollsweatshirt mit so einer Applikation drauf. Es kostete 19,90 Mark. Ich probier das Dinge an, da sagt mein Cousin: ›Komm lass uns gehen, es hat uns jetzt keiner gesehen.‹ Ich sag: ›Spinnst du? Ich geh das jetzt bezahlen und lass es gleich an.‹ Er: ›Nein, jetzt sei nicht so blöd. Die 20 Mark geben wir besser anders aus.‹ Schließlich hatte er mich überredet und meinte: ›Geh schon mal vor, ich komm gleich nach.‹

Mit zittrigen Knien bin ich raus und warte und warte, und er kommt und kommt nicht, und ich denke, Mist, jetzt haben sie ihn geschnappt – da kommt er in Begleitung einer Frau heraus und ruft: ›Komm her!‹ Ich wurde ganz panisch. Die beiden standen dort und warteten, schließlich rief mein Cousin: ›Komm! Das ist eine Freundin von mir.‹ Ich hätte ihn zerreißen können. Niemals wieder habe ich irgendetwas geklaut. Und wenn mein Vater mitbekommen hätte, dass ich etwas gestohlen habe, der hätte mir den Kopf abgerissen.«

Natürlich gab es ab und zu etwas auf die Ohren.

Dass man Kinder nicht schlägt, wurde erst langsam gesellschaftlicher Konsens und zum Verbot an Schulen. »Wenn wir nicht brav waren im Unterricht, gab es mit der Holzleiste Schläge auf die Hände. Und wenn man sehr böse war, musste man auf Kichererbsen knien. 20 Minuten lang, Gesicht zur Wand. Und dann bin ich nach Hause gekommen: mamma, die Lehrerin … Und peng, hab ich eine gescheuert bekommen.«

Jedoch gab es kaum Grenzen, auch keinen Grund dafür, denn Pino war ein patenter, prima Junge, es gab höchstens Mamasorgen. Noch als der Bub schon 28 Jahre alt war, sagte sie, wenn er abends fortfuhr: »Sei vorsichtig, wo du dein Auto parkst. Und komm nicht so spät nach Hause. Pass auf dich auf …« Sie wohnten ja meistens im selben Haus. In getrennten Wohnungen zwar. »Aber die Mutter kann sich doch nicht vom Kind trennen!«

Dass der Bub schon als Teenager ordentlich arbeiten musste, stand auf einem anderen Blatt. Das taten die Eltern, die Verwandten und alle anderen schließlich auch. Es dauerte nicht sehr lange, bis er anfing auszugehen. Er war ja schnell integriert. Die Eltern hatten ihm ohnehin schon früh beigebracht, dass man sich als Neuer (und auch ganz generell) nicht

Schön, dass mein papà auch ein bisschen stolz auf mich ist.

einfach irgendwo hinstellt und sich wichtig macht, sondern mit Fingerspitzengefühl auf Menschen zugeht, anstatt ihnen auf die Zehenspitzen zu treten. »Wenn du als Neuer irgendwo dazukommst, musst du erst einmal das Vertrauen der Leute gewinnen.« Daran hat er sich immer gehalten.

Nur leicht war das Leben in der Provinz natürlich nicht. Schikane gab es durchaus: »Als ich 16, 17 Jahre alt war und wir manchmal in die Dorfdisco gegangen sind, mussten wir immer so zehn, 15 von uns sein, denn dort gab es Banden, die blafften ›Scheiß-Kanak‹ und solche Beschimpfungen. Auf dem Dorf war Ausländerfeindlichkeit eben präsenter, dort lebte eine schlichtere Mentalität als in der Stadt, wobei das auch nicht für alle zutraf. Aber wir haben uns das nicht so zu Herzen genommen.«

Für ein geselliges Leben reichte der schmale Lohn aus der Pizzeria nicht mehr, die Eltern mussten öfter mal einspringen, also suchte Pino sich eine Stelle, bei der er etwas mehr verdienen konnte. Nahm an, was sich bot. In der Gastronomie, auf dem Bau, eine Zeit lang hat er Gartenzäune gebaut, aber das war dann doch nichts. Zu früh aufstehen. »Ich mag mehr das Nachtleben.« Gastronomie ist seine Berufung und sein Talent.

1987 machte er sich selbstständig, eine Pizzeria, ein echter Italiener halt. Die Eltern sind auch gleich miteingestiegen. Schöne Grüße ans Klischee? »Ich hab alles versucht, jeden Job gemacht, aber ich bin immer wieder zurück in die Gastronomie. Immer.«

Eine Pizzeria am Marktplatz in Heideck, 60 Kilometer von Nürnberg entfernt, war also der Anfang. Und schon damals kamen prominente Gäste. »Wenn du neben dem Rathaus bist, dann kommt der Bürgermeister irgendwann, dann kommt der, dann der. Das war wie ihr Wohnzimmer. Einmal kam der ehemalige Bauminister, Oskar Schneider, weiß ich wie heute noch, das ist ein gebürtiger Altenheidecker, und der Bürgermeister damals sagte: ›Pino, ich bring dir mal meinen Freund Oskar, der Bauminister ist.‹ ›Ja, du‹, meinte ich, ›einen Minister haben wir nicht jeden Tag.‹ Und mein Vater, das war so süß, der kämpfte damals um seine Rente, sein Antrag ist immer wieder abgelehnt worden, und es gab immer Probleme.

So, und an dem einen Abend kommt der Minister wirklich, ich hab' einen schönen Tisch gemacht, nach ein paar Gläschen Wein wurde die Atmosphäre locker und der Minister sagte:

Wir hatten schon neben meinem Geburtshaus einen Steinofen für Pizza.

›Komm jetzt, setzen Sie sich dazu.‹ Und plötzlich waren wir dann so per du, so fast, ›Salute!‹, und mein Vater ruft die ganze Zeit von der Bar her: ›Pino. Pino!‹ Sag ich: ›Was ist los?‹ – ›Komm her.‹ – ›Jetzt lass mich doch. Was ist denn?‹ Nun, als papà sah, dass ich da mit dem Minister so ganz vertraut saß, meinte er: ›Kannst du nicht mal fragen, ob der für meine Rente was machen kann?‹ Das ist die italienische Mentalität. ›Papà, nein, um Himmels willen!‹ Mein Vater hat die Rente auch so bekommen, schließlich. Und ohne die heilige Gastfreundschaft zu strapazieren.«

Im Frühjahr 1992 war Pino zum ersten Mal überhaupt auf Mallorca.

Mit einer Clique aus Nürnberg, um für ein paar Tage in Santa Ponsa Golf zu spielen. Mal einen anderen Platz in einem anderen Land zu bespielen, das war großartig für den Anfänger. Mittlerweile haben sich die Verhältnisse umgedreht. Pino hat Handicap 8, das ist verdammt gut. »Es gibt so Tage, da gehe ich einfach mit ein paar Freunden auf den Platz, die spielen zwar sehr schlecht Golf, aber ich muss mich nicht verstellen, das ist für mich dann wie abschalten.«

Es war um 1992 herum, als Mallorca begann, sein Image zu verändern. Als in Andratx nicht länger Häuser im weiß verschlemmten Ibiza-Rauputz-Style gebaut wurden, sondern die ersten Gebäude im eigentlich urtypischen mallorquinischen Landhausstil entstanden. Als der Hamburger Makler Matthias Kühn begann, sein Immobilienimperium auszubauen. Als Sabine Christiansen die Cala Llamp entdeckte und ihre bis heute andauernde Mallorcaliebe. Wie viele andere Prominente zuvor und später.

Zu dieser Zeit, als Air Berlin mit der Erfindung des »Liniencharters« auch auf der klassischen Touristenstrecke Linienflugkomfort zu offerieren begann, damit die zweite große deutsche Mallorca-Sehnsuchtswelle surfte und so mit dafür sorgte, dass die Kurzstrecke zur spanischen Insel auch als Luxusdestination wahrgenommen wurde. 1992, als die Inselverwaltungen umdachten und auf Klasse statt Masse setzten, auf der einen Seite Ökologie in die Bebauungspläne miteinbezogen und andererseits das Straßennetz ausbauten. Als die Mallorquiner gegen den Ausverkauf ihrer Insel protestierten und zugleich gern stetig steigende Grundstückspreise aufriefen.

Bis heute führt mich oft mein erster Gang, wenn ich nach Italien komme, zum »barbiere«. Dort kann ich entspannen. Kein elektrischer Rasierapparat der Welt, und mag er noch so praktisch, gründlich, sanft sein, kann dieses Gefühl ersetzen.

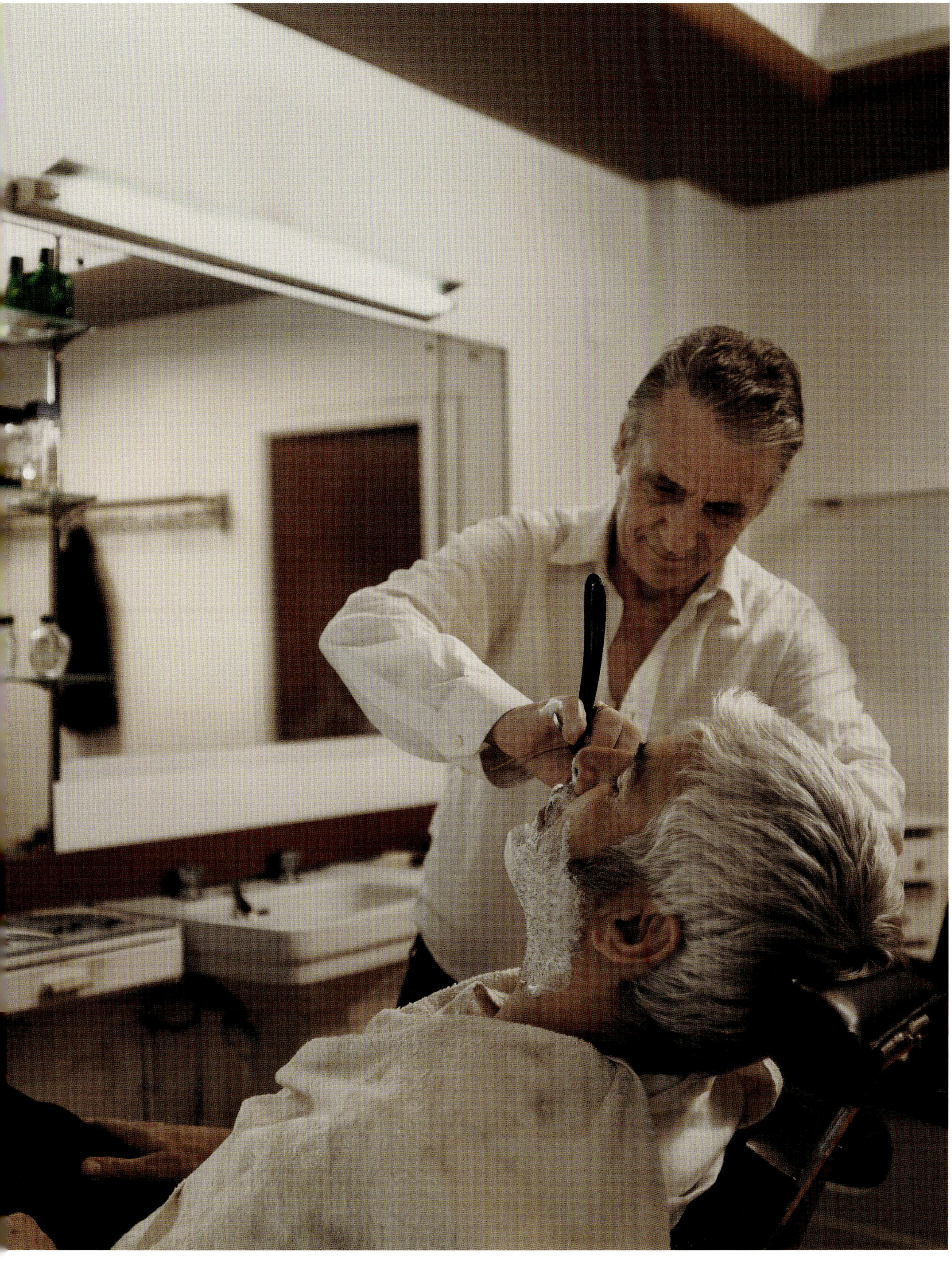

Die eine ganze Zeit lang eher vernachlässigte Altstadt von Palma war wiederentdeckt worden, das historische Herz der einstigen Handelsmetropole, die alten Kaufmannshäuser rund um die Kathedrale wurden zu begehrten Immobilien.

Die Faszination der 3600 Quadratkilometer großen Insel, die schon im 19. Jahrhundert von Intellektuellen und Adel geschätzt wurde, geht weniger vom Wetter aus, das kann nämlich durchaus wechselhaft sein, als vielmehr von der Vielfalt ihrer Landschaften, vom Surferstrand Es Trenc über die weiten, fruchtbaren Ebenen in der Mitte der Insel bis zum Gebirgsrücken der Serra Tramuntana und dem schneebedeckten, 1445 Meter hohen Puig Major. Und so unterschiedlich das Land, so individuell lässt es sich darauf leben oder Ferien machen. Bildungstouristen spüren dem (feuchten) Winter nach, den George Sand und Frédéric Chopin in Valldemossa verbrachten, Manager genießen die wahlweise basisreduzierte oder luxuriöse Abgeschiedenheit ihrer Fincas, Peter Maffay macht auf seinem Bauernhofanwesen sich, seine Familie, in den »Tabaluga-Ferien« auch vernachlässigte Kinder gleich mit, glücklich. Wanderern und Radsportlern sind nur körperliche Grenzen gesetzt, Shoppingfans können sich und ihre Kredite in den vielen Geschäften in den Gassen um die Paseo del Borne in Palma verlieren.

Man findet winzige Appartements für kleines Geld und Anwesen für zig Millionen. In Portals Nous können es Yachtbesitzer krachen lassen, am Ballermann die Pauschaltouristen. Doch das Halligalli und die Miss-Wet-T-Shirt-Sausen am Ballermann, die lange das Image trübten, sind nur kleinster Ausschnitt (und inzwischen auf dem roten Index der lokalen Politiker), so wie der Ballermann selbst nur ganz klein ist, nicht viel mehr als eine Bude am Strandabschnitt sechs, dem »balneario 6«, der eigentlich herrlichen Bucht von Palma, die ja nichts dafür kann, dass sie so verbaut wurde, wobei auch dort jetzt Wiedergutmachung vorangetrieben wird.

Claudia Schiffer schrieb am 21. Oktober 2001 in der »Welt am Sonntag«:

»Die einen bezeichnen sie verächtlich als Schickimicki- und Ballermann-Gomorrha – für die anderen (und das sind immerhin drei Millionen Deutsche jährlich) ist Mallorca die schönste Ferieninsel schlechthin, nur gut zwei Stunden von Deutschland entfernt. Für mich ist Mallorca ein Stück zweite Heimat, eine herrliche Oase, in die ich mich, wann immer möglich, zurückziehe. Ganz ehrlich – auch wenn ich noch weit davon entfernt bin: Hier könnte ich mir gut vorstellen, meinen Lebensabend zu verbringen.

Ich bin mit dieser Insel schon seit meiner Kindheit eng verbunden. Meine Eltern hatten auf La Mola in Port d'Andratx ein Haus, und so verbrachten wir alle Ferien auf Mallorca. Die landschaftliche Schönheit der größten Baleareninsel begeistert mich genauso wie ihr kulturelles und pulsierendes Leben fernab von allen Hotelhochburgen. Die Mallorquiner sind unheimlich liebenswert und gastfreundlich, auch wenn es lange dauert, bis man ihr Vertrauen genießt.

Seit drei Jahren wohne ich nun schon über der Bucht von Camp de Mar, zehn Autominuten von Port d'Andratx entfernt. Diese Gegend gehört für mich zu den schönsten überhaupt. Umgeben von einem herrlichen Aleppowald (das ist eine besonders schöne Kiefernart) schlängelt sich die Traumküste von hier aus Richtung Norden und ist von fast unwirklich atemberaubender Schönheit. Ein paradiesischeres Fleckchen kann ich mir nicht vorstellen. Hier sieht man mich ausschließlich im Bikini, Sarong oder einem luftigen Sommerkleid.

...

Das Golfclub-Restaurant von Pino gehört zu meinen kulinarischen Lieblingsadressen. Seine Pasta-Variationen sind einfach sensationell. Aber ich habe hier auch mit dem Golfen begonnen. Mal sehen, wann ich mit meinem Handicap glänzen kann!«

Auch Pino ließ sich infizieren. Nach dem ersten Urlaub kam er wieder. Zum Relaxen, immer mal ein paar Tage, drei Jahre lang. Und plötzlich wurde ihm bewusst, wie ähnlich die Insel seiner Heimat Kalabrien ist. »Jedes Mal, wenn ich kam, fing ich an zu vergleichen, denn es gibt vieles in der Natur, was ähnlich ist. Ich ging und fuhr umher und stellte fest, ja Mensch, das ist ja wie bei mir und die Gassen, oh, das ist ja wie bei mir im Dorf.«

Das Dorf in Kalabrien. Das in seinem Herzen und in seinen Kindheitserinnerungen wohnt, und wenn er hinfährt, fühlt er sich auch wohl, und es ist eine gute Zeit, aber dort für immer zu leben, wäre ihm fremd. Die Alternative lag vor ihm: »Irgendwie habe ich diese Insel liebgewonnen. Ja, und schließlich habe ich mir gesagt, warum ziehst du nicht hierher?« So ein Schritt war natürlich nicht so einfach, denn schließlich hatte Pino in Nürnberg ein Zuhause, ein gutes Leben, war eine gesellschaftliche Größe. Das »Café Central«, mit einem kleinen Hotel dabei, 22 Zimmer, florierte. »Der Laden lief sehr, sehr gut. Aber ich hab eine Veränderung gebraucht. Und gemerkt, wenn ich das jetzt nicht mache, dann schaffe ich es nicht mehr.«

Mal felsig-schroff, mal buschig-grün, aber immer genauso wild wie mein Kalabrien, so ist mein Mallorca.

Er hatte beruflich (und auch privat) nie lange Wurzeln geschlagen, schon mehrere Restaurants betrieben, immer, wenn es besonders gut lief, die nächste Herausforderung gefunden. Getreu seiner Devise »Ist das Alte weg, ist Platz für das Neue«. Das »Blaue Haus« in Hersbruck, zum Beispiel, ein »gehobener« Italiener, wie man so schön sagt. Am 19. März 1990, an seinem Namenstag, hatte er es gemeinsam mit seinem Vetter, auch ein Pino, eröffnet. Das Lokal lag wunderbar, war groß, mit Wandmalereien innen und Buchsbäumen und Olivenbäumen im Garten wie am Gardasee. Zu den Gästen gehörten viele Manager, die wiederum Mitglieder im Golfclub Lauterhofen waren. Ein kleiner Ort außerhalb von Nürnberg, fünf Häuser, zwei Straßen, in der Art. Jedenfalls ergab es sich in den abendlichen Runden im »Blauen Haus«, dass Pino auch die Gastronomie im Golfclub übernahm und ordentlich Leben in die Bude brachte. Tolle Feste mit südländischem Flair und Leichtigkeit organisierte, aber nicht alle dort konnten mit der Leichtigkeit dieses Seins etwas anfangen. »In diesen Vereinslokalen weiß es jeder besser, du hast einen Vorstand, du hast einen Vizepräsidenten, du hast einen Präsidenten, du hast einen Schatzmeister, und jeder weiß es besser.« Das war nicht seine Welt, und er ging wieder. »Es war eine schöne Zeit. Trotzdem. Alles was zum Leben gehört, ist eine gute Erfahrung.«

Mit Golfclubs war er durch. Dachte er jedenfalls damals.

Und dann war er also auf Mallorca angekommen, an diesem schönen Junitag 1998. Eigentlich wollte er eine Eisdiele eröffnen. Eine nahe liegende Alternative zur Pizzeria, so als Italiener. Und ein ruhigeres Geschäft, was ihm mal ganz recht gewesen wäre. Doch schnell stellte er fest: »Die Eiskultur ist hier auf Mallorca nicht so ausgeprägt wie in Deutschland, von wegen jeder Italiener macht eine Eisdiele auf, und dann geht das Geschäft. Also hab ich mir gedacht, mit Eis muss man ein bisschen vorsichtig sein und dann hab ich diese kleine Pizzeria im Hafen von Andratx übernommen.« Gleich neben der Diskothek »Barracuda«.

»Pavarotti«. Der Name war gesetzt als gutes Omen nach dem schönen Abend mit Pavarotti & Friends in Modena. Überhaupt und weil er ihn selbst und in Begleitung seiner guten Freundin Diana Wiesengrund erlebt hatte. Sie und ihr Mann, Freunde aus Nürnberg, waren ja der Auslöser, dass er tatsächlich den Absprung gewagt hatte gen Süden.

Und genau das liebe ich so an dieser Insel –
sie ist zwar etwas trockener als Kalabrien, aber genauso facettenreich.

»Mensch, mach doch etwas auf Mallorca«, hatte die inzwischen leider Verstorbene immer wieder gesagt. Und ihr gehörte die Immobilie mit der Pizzeria. In Andratx, wo Pino ohnehin gern sein mochte. »Diese Ecke lag mir. Der Blick auf den ganzen Hafen von meiner Wohnung, der war so herrlich und dann hast du mit Nürnberg telefoniert und gedacht, Mist, jetzt muss ich wieder zurück.« Also hat er die Positionen gewechselt. Es sollte kein Ausstieg sein. Nur ein Umstieg. Er ist noch oft in Deutschland, aber eben zu Besuch statt zu Hause. Das ist nun Mallorca. Weil es eben auch ein bisschen Deutschland ist. »Ich habe einen Platz gesucht, wo ich mich von meinen Deutschen nicht so ganz trenne. Und wenn ich nach Italien gegangen wäre, dann hätte ich nichts mehr davon gehabt. Außerdem wäre ich dort einer von 60 Millionen gewesen und hier bin ich allein. Oder fast.«

Giovanni, der ein Restaurant direkt am Hafen von Andratx aufgebaut hat, war Pinos Freund. Er starb vor einigen Jahren. Nun betreibt der Bruder das »Don Giovanni« mit dem herrlichen Blick auf Bucht und Fischerboote weiter, die »Tris di Pasta« muss man einmal gegessen haben. »Damals waren es nur wir. Giovanni, Walter vom ›Media Luna‹ und ich. Jetzt gibt es mehrere, aber auch dank mir, weil die sind alle, fast alle, aus Nürnberg gefolgt.« Giovanni aus Düsseldorf, Walter aus München, Pino aus Nürnberg. »Viele haben sich gewundert, warum wir uns so gut verstehen, ›ihr seid doch die Konkurrenz‹.« Doch sie waren Freunde, wohnten eine Zeit lang im gleichen Haus hoch über dem Yachtclub von Andratx.

Pino ist ja auch ein umgänglicher Mann. Dass die alten Mallorquiner häufiger fremdeln, versteht er gut. »Diese Sorte Alten haben wir überall, die haben wir bei uns in Kalabrien, die haben wir in Nürnberg. Die meisten respektieren, was ich mir hier, so wie damals in Deutschland, erarbeitet habe. Du musst dir das verdienen, du kannst nicht von heut auf morgen sagen, eh, jetzt bin ich hier, ich bin Italiener, ich bin der Beste, ich bin der Größte, ich mach die schönsten Pizzen, oder wie auch immer, die beste Pasta, und ihr könnt alle nichts. Nein, nein, du musst das alles erst mal schön beweisen. Denn ob Gemeinde oder die Polizei oder selbst die Kollegen, die Mallorquiner, wir respektieren uns gegenseitig. Diejenigen, wo nicht, die sind selber schuld, die sich nicht an diese Mentalität anpassen.«

Zu den regelmäßigen Gästen im »Pavarotti« gehörte auch Stefan Blöcher, Hockeystar der Achtzigerjahre. 259 Länderspiele absolvierte der bullige Mittelstürmer aus Wiesbaden. 1988 sorgte er für die wohl aufregendste Szene während der Olympischen Spiele in Seoul. Mit

Benimmt sich ein Gast bei mir mal daneben, was zum Glück kaum vorkommt, so schlage ich ihm einfach vor: »Allora, nun, du willst doch sicherlich einen Spaziergang machen?«

200 Stundenkilometern raste die knallharte Hockeykugel auf ihn zu und traf ihn an der Schläfe. Er hatte Glück, es blieb bei einer schweren Gehirnerschütterung. Deutschland hatte Pech ohne seinen Spitzenspieler, den »weißen Pakistani«, und verlor im Finale ausgerechnet gegen den Außenseiter Großbritannien. In den letzten Jahren seiner aktiven Laufbahn hatte sich der Sportwissenschaftler ein berufliches Standbein beim weltgrößten Kunstrasenhersteller aufgebaut.

Als das Unternehmen 1994 Konkurs anmelden musste, machte Blöcher seinen zweiten Sport zum Beruf: Sein Golftalent stand dem Hockeykönnen kaum nach. In Wiesensee im Westerwald baute er einen Golfclub auf, dessen Mitgliederzahl rapide wuchs. Als die Anlage verkauft wurde, bot man ihm an, das renommierte »Golf de Andratx mit Dorint Hotel« zu übernehmen. Ein Prestigeobjekt erster Klasse in Camp de Mar, dem noch Anfang der Neunzigerjahre verschlafenen Örtchen im Südwesten der Insel zwischen Peguera und der Prominenzecke Andratx. Inmitten von Bergen und der Bucht von Camp de Mar mit großartigem Blick aufs Meer gelegen, gilt der von dem Schotten David McLay Kidd konzipierte 18-Loch-Kurs (Par 72) als einer der landschaftlich schönsten Golfplätze überhaupt auf der Insel und zugleich als einer der sportlich schwersten. Spitznahme: »Schwarze Piste«. Das letzte Loch (Par 5 mit 435 Metern) führt vorbei am Hotel in Richtung Clubhaus. Dort kann man genüsslich von der Terrasse aus auf Spieler oder die schönen Anpflanzungen oder das Meer am Horizont blicken. Oder alles gleichzeitig. Im Jahr 2000 wurden Platz und Hotel eröffnet.

Und ein Gastronom gesucht. Und Pino gefunden.

»Die sind bis Orlando geflogen, um einen Sternekoch zu engagieren, doch offenbar konnten sie sich nicht einigen. Jedenfalls kam Stefan Blöcher mit seiner Frau Tina und seiner kleinen Tochter Xena häufig zu uns in die Pizzeria. Und dann hat seine Frau Stefan angestubst: ›Was ist mit dem da, den kannst du doch ansprechen?‹ Ich stand da einfach mit meiner Schürze, da waren wir noch per Sie. Der Herr Blöcher sprach mich tatsächlich an und ich antwortete, dass ich eigentlich auf Golf nicht so große Lust hab. Nach den Erfahrungen damals in Lauterhofen. Blöcher wehrte ab. ›Nein, nein, schauen Sie sich das einmal an.‹ Und dann hat er mich überzeugt.« Längst sind nicht nur das Restaurant und der Golfclub eng zusammengewachsen, auch die Herren Blöcher und Persico sind Freunde.

Mit meiner Schwester Carmela telefoniere ich fast täglich und bleibe so auf dem Laufenden.

Golfclub und Restaurant gehören zusammen, aber Pino betreibt das Restaurant »Campino« als Pächter selbständig. Und er gab ihm auch seinen Namen, der sich aus drei Zutaten zusammenschüttelte: das Camp de Mar, wo der Golf de Andratx liegt, »campino«, im Italienischen »kleines Feld« (auch Fußball- oder Golfplatz), und schließlich die Verbindung zu Giuseppes Rufnamen Pino. Es gibt im »Campino« keine Auflagen, die Vereinsmitglieder privilegierter zu behandeln als die normalen Gäste. »Bei mir ist jeder Gast König, aber nur solange er sich verhält wie ein König. Klar, dass der eine oder der andere neugierige Gast vorbeikommt in der Hoffnung, Prominenz zu sehen, klar, bei dem Auflauf, den wir hier in den letzten Jahren hatten.«

Und sonst?

»Es ist eine gute Mischung. Ich lege viel Wert auf mein Personal. Ich schimpf' zwar immer, weil ich immer alles besser haben will, aber wenn ich mir andere Läden anschaue, dann bin ich gleich wieder zufrieden. Freundlichkeit ist uns sehr wichtig, jeder Gast, der zu uns kommt, wird nach dem zweiten oder dritten Mal, wenn er das mag, mit Namen begrüßt, und nicht nach 20 Jahren noch mit ›Hombre‹ angesprochen.«

Ungefähr 400 Plätze, mit der großen Außenterrasse, 30 Mitarbeiter in der Hauptsaison, zwölf davon in der Küche. Die ist exzellent, und doch ist Pino sich mit dem deutschen Kollegen Herbert Seckler vom »Sansibar« auf Sylt einig: Bloß keinen Gourmetstern!

»Um Gottes willen. Wir haben so viele Sterne am Himmel über Mallorca, so viele Sterne ...«

Nein, Pinos Sterne sind die Stammgäste. »Dass sie immer wieder kommen, ist für mich Bestätigung. Das schönste Kompliment ist doch, wenn meine Gäste direkt nach der Landung, bevor sie nach Hause fahren, vorbeikommen und sagen: ›Mensch Pino, wir sind jetzt schnell zu dir gefahren, jetzt essen wir erst einmal einen Teller Nudeln und trinken ein schönes Glas Rotwein.‹ Das ist für mich ein Stern. Alles andere, das ist mir zu anstrengend. Der Job ist hart genug.«

Sind meine Freunde vor Ort, essen, lachen, scherzen und reden wir bis spät in die Nacht. Manchmal wird auch gepokert. Hier die stilvolle Pokerrunde mit Wolfgang »Sturkopf« Herfert, Salvatore »l'attore« Briamonte und Angelo »il maresciallo« Formisano.

Man stellt ihn sich leicht vor, »el patrón« wandert durchs Restaurant, schüttelt die Hand von Claudia Schiffer, plaudert mit Boris Becker, tätschelt Frau Lauterbach die Schulter, gibt Jogi Löw Tipps zur Speisenauswahl …

»Ja, sicherlich … aber von wegen ›easy‹. Die Mitarbeiter machen ihre acht Stunden, gehen und schalten ab. Ich geh hier raus, und es geht weiter.«

Existenzangst?

»Früher nie. Jetzt langsam ja.«

Wegen der Größe?

»Nein, nein, wegen der Familie, der Verantwortung.«

2001 hatte er Estefania Küster zum ersten Mal »live« gesehen, bei der großen Einweihungsparty im »Dorint Hotel«. Mehr nicht.

Sie war damals die Freundin von »Pop-Titan« Dieter Bohlen. Aber die beiden kamen auch ins »Pavarotti«. Ein gemeinsamer Freund forderte Pino auf: »Setz dich doch dazu«. Es wurde wie so oft im Lokal eine nette, entspannte Runde. Man plauderte über dies und das, Pino dachte: »sympathisches Mädchen«. Mehr war nicht. Ganz automatisch. Sie war ja die Freundin von Bohlen. Also tabu. Sie verloren sich aus den Augen.

Natürlich hörte er, dass Estefania ein Kind bekommen hatte. Und dass sie sich getrennt hatte, geschickt just an dem Sommerabend im Juni 2006 ausgezogen war, als Deutschland zum Auftakt der Fußballweltmeisterschaft gegen Costa Rica auflief. Weil sie so sicher sein konnte, dass mal keine Fantrauben vor dem Grundstück im niedersächsischen Tötensen herumlungern würden. Bohlens Privatleben löste (und löst) regelmäßig einen Pressetsunami aus, der auch bis Mallorca schwappte. Pino war jedenfalls informiert. Und rief schließlich in Hamburg in der neuen Wohnung an. Estefania hatte noch Kontakt zu einer gemeinsamen Freundin. Die hatte die neue Telefonnummer. »Hallo, hier ist Pino.«

Wenn ich es schaffe, spiele ich jeden zweiten oder dritten Tag Golf.
Allerdings richte ich mein Leben nicht danach aus, wie manch anderer Fanatiker …
dafür liebe ich meine Freiheit zu sehr. Und außerdem passiert immer Unvorhergesehenes in meinem Leben!

Estefania war überrascht

Und dann angetan. Dem Telefongespräch folgte ein Besuch. Und mehr. Einschließlich Happy End. Schließlich zog die Moderatorin und Einrichtungsunternehmerin mit ihrem Sohn Cassian, der von allen »Nunu« genannt wird, ganz nach Mallorca.

Auf einer Finca in Calvia sind sie jetzt zu Hause. In Pinos kleinem Königreich. Den Traum von einem Haus in der Ebene zwischen Andratx und Puerto Andratx hatte er nach ein paar ernüchternden Immobilientouren aufgegeben. »Das waren Preise! Mensch, ich verkauf immer noch Pasta und Fleisch und ein bisschen Fisch, da soll man mal die Kirche im Dorf lassen. Ich hab mir Sachen angeschaut, das war fast eine Beleidigung. Wie in Sa Coma Fría, da irgendwo am Ende der Welt, sagt der Makler doch zu mir: ›So und ab jetzt muss man laufen.‹ Und ich: ›Wie?‹ Er: ›Ja, da kommt das Auto nicht mehr durch.‹ Dann sind wir ungefähr 100 Meter gelaufen und kamen zu einem Doppelhaus, 30 000 Quadratmeter Land, eine Ruine, 1,4 Millionen Euro. Ich sagte: ›Schön und tschüss.‹ Doch dann ergab sich die Gelegenheit mit dem Grundstück in Calvia. Man fährt ein bisschen, aber das macht mir total Spaß. Und wo die Straße aufhört, fängt mein Grundstück an, dort ist unser kleines Paradies. Ich brauche Platz und Ruhe. Ich will keinen Nachbarn haben, wenn ich nach Hause komme. Wir laden Freunde ein, wir sind 30, 40 Leute und machen wir die Musik laut. Nicht dass der Nachbar klopft und sagt: ›Hallo, die Musik leiser!‹ oder dass mein Hund zu laut bellt.

Wenn man einen harten Job macht, dann will man zu Hause seine Ruhe haben.

Nun haben wir einen Nachbarn, der hat nur seine Pferde und Hühner, das ist super. Und der Kleine, der lebt auf. Zur Schule in Puerto Portals fährt Estefania von uns aus fünf Minuten. Wir erreichen ganz schnell Palma, und bis zum Restaurant brauche ich auch nur zwölf Minuten.« Hühner laufen auf dem Grundstück frei herum, sie legen ihre Eier überall ab, nur nie im Stall. Morgens vor dem Frühstück läuft der kleine Nunu umher, nur er findet die Eier, und dann kommt er voller Glück gelaufen: »Ich habe eins!«

Früher konnte es schnell passieren, dass Pino das Interesse verlor. Jede neue Herausforderung gewann früher oder später gegen das Gewohnte. Er hatte Frauen, aber nie geheiratet. »Das war wahrscheinlich unterbewusst. Meine einzige richtige Beziehung, außer der mit Estefania jetzt, ging von 1986 bis 1989. Und seit damals nicht mehr, aber nicht, weil ich den Schock meines Lebens bekommen habe, ich habe es halt genossen. Immer mehr, immer mehr.«

Hier, auf Mallorca, hat sich alles verschoben. Ihm ist bewusst geworden: Das ist der Ort, an dem ich bleiben möchte. Sesshaft werden. Hier sind Freunde, auf die er zählen kann, die verstehen, was er mit Familie meint. Hier ist die Frau, mit der er leben will. Gern auch noch ein Kind haben. Bald.

»Es wird Zeit. Ich möchte mein Kind irgendwann abholen und mir nicht anhören, ich sei der Opa. Gestern sagt Nunu: ›Du Pepi?‹ Ich bin ihm ein papà, aber er sagt zu mir ›Pepi‹. Er sagt also glatt: ›Weißt du, dass du ausschaust wie Opa?‹ Sag ich: ›Wie kommst du jetzt da drauf?‹ Sagt er: ›Du hast weiße Haare wie er, du hast jetzt auch die Brille wie er.‹ Und dann hab ich auch noch so zwei Taschen gehabt, und sein Opa hat auch immer zwei Taschen dabei. Und schon sehe ich aus wie Opa. Na super. Tolles Kompliment.«

Im Grunde eine Liebeserklärung.

In der Bucht von Camp de Mar versinkt die Sonne. So werden Kitschpostkarten produziert. Pino lächelt. Ruhig sitzen bleiben ist seine Sache nicht. Deswegen liest er wenig. »Ich bin zu ungeduldig. Sehe lieber einen schönen Film, zack, der dauert eineinhalb Stunden, das war's.« Zum Beispiel? »›Der Pate‹! Natürlich.«

Er mag auch nicht zwei Stunden lang auf einer Liege am Strand liegen. Oder Ähnliches. »Undenkbar.«

Wir haben allerdings sehr lange gesprochen.

»Ich war immer ein Straßenköter. Ich kann unter einer Brücke schlafen, und ich kann im ›Fünf-Sterne-Plus‹ schlafen. Ich kann mich gut anpassen. Aber wenn du Frau und Kind hast, obwohl es nicht mein Kind ist, aber es ist wie mein Kind, dann trägst du Verantwortung. Man wird vorsichtiger.

Früher: ›Ach, was kostet die Welt!‹ Ist ein Freund vorbeigekommen und hat gesagt: ›Komm, lass uns dahin fliegen!‹ – Klar, ab ging's, der Laden läuft eh.«

Ein weiteres Lächeln. »Jetzt könnte es gut sein, dass ich absage.«

Einer meiner vielen Lieblingsplätze – mit meiner einzigen Lieblingsbegleitung: Cap Falco, eine kleine Bucht zwischen Port d'Andratx und Palma im Süden der Insel. An diesem romantischen Ort ist wenig los, es gibt aber immerhin einen kleinen »chiringuito«, wo man ein kühles Getränk für seine Geliebte holen kann.

Lauter, lustiger und kulinarisch sehr ausschweifend geht es dann im Gegensatz zur romantischen Stunde bei uns zu, wenn Freunde, Blutsfamilie, Freundesfreunde, angeheiratete und aufgenommene Familienmitglieder kommen. Dann stelle ich mich in die Küche und an den Pizzaofen, ich koche gern, lang und viel. »È la dolce vita!« Die Akteure: sitzend (folgende Doppelseite), mit dem Rücken zum Fotografen: Papou mit Lavinia auf dem Schoß, dann im Uhrzeigersinn weiter: Giagia (griechisch »Oma«), Sabine Rusch und sitzend ihr Mann mit Norwin auf dem Schoß, Salvatore Briamonte mit Estefania Küster im Arm, Wolfgang Herfert, der Gastgeber, Luigi, Folker Küster (mein zukünftiger Schwiegervater), Antonio (der »Mario Adorf von Allersberg« – und papà von Carmelo), Küchenchef Costantino, Maître Alex, »Campino«-All-Time-Star David Gee, Claudio Marini und Angelo Coniglio, daneben sitzend Carmelo.

Antipasti

Vorspeisen

1 Pulpo, etwa 1 kg
1 Zwiebel
1 Karotte
1 Selleriestange
2 frische Lorbeerblätter, ersatzweise getrocknete Lorbeerblätter
200 ml trockener Weißwein
Saft von 1 Zitrone

Den Pulpo gründlich unter fließend kaltem Wasser reinigen und die Augen sowie das Mundwerkzeug mit einem scharfen Messer entfernen. Die Eingeweide herausnehmen und alles noch mal gründlich mit kaltem Wasser abspülen.

Den Pulpo in einen großen Topf legen und mit ca. 3 l kaltem Wasser auffüllen (der Pulpo muss vollständig mit Wasser bedeckt sein). Das Wasser nicht salzen, da der Pulpo noch vom Meerwasser genügend Salz eingespeichert hat.

Die Zwiebel schälen, quer halbieren und in den Topf geben. Die Karotte schälen, längs halbieren und ebenfalls hineingeben. Die Selleriestange waschen, quer halbieren und hinzufügen. Die Lorbeerblätter, den Weißwein und den frisch gepressten Zitronensaft dazugeben, den Topf verschließen und alles langsam zum Kochen bringen.

Den Pulpo bei milder Hitze und etwas geöffnetem Deckel leicht köcheln (simmern) lassen, bis dieser gar ist. Das dauert in der Regel etwa 1 gute Stunde. Zwischendurch mit der Gabel eine Garprobe machen: Die Gabelspitzen müssen an der dicksten Stelle ohne viel Widerstand in das Fleisch einstechen können.

Den garen Pulpo aus dem Wasser heben und gut abtropfen lassen. Den noch warmen Pulpo in längliche Stücke schneiden. Die Saugnäpfe von den Fangarmen entfernen.

Die länglichen Pulpostücke gleichmäßig eng übereinander auf eine Frischhaltefolie legen und straff zu einer Rolle einrollen. Die Enden der Frischhaltefolie gut eindrehen (wie ein großes Bonbon) und verknoten. Dabei darauf achten, dass keine Lufteinschlüsse vorhanden sind – also die Luft beim Einrollen gut ausdrücken. Diese Pulporolle etwa 4 Stunden lang in den Gefrierschrank legen.

Carpaccio di polpo
KRAKENCARPACCIO

Anrichten

1 unbehandelte Zitrone
hochwertiges Olivenöl extra vergine zum Beträufeln
hochwertiges Meersalz (z. B. Flor de Sal)
frisch und grob gemahlener schwarzer Pfeffer

Die Pulporolle aus dem Gefrierschrank nehmen, die Frischhaltefolie entfernen und das gefrorene Pulpofleisch mit der Aufschnittmaschine in hauchdünne Scheiben schneiden.

Die Pulposcheiben leicht überlappend auf 4 großen Tellern anrichten. Von der Zitrone feine Zesten abreiben und über dem Carpaccio verteilen. Mit etwas frisch gepresstem Zitronensaft und etwas Olivenöl beträufeln. Das Carpaccio mit bestem Meersalz und frisch gemahlenem Pfeffer bestreuen, dann sofort servieren.

Anmerkung

Zu dem »Carpaccio di polpo« passt hervorragend geschnittener roter Radicchio und/oder zarter junger Schnittsalat, der genauso wie das Carpaccio mit Olivenöl, frisch gepresstem Zitronensaft und etwas gemahlenem Pfeffer mariniert wird.

Davide ist der Sohn von Salvatore »l'attore« Briamonte. Davide betreibt mit seinem Bruder und seiner mamma eine Pizzeria in Nürnberg. Weil er seinen papà gern besucht, ist Davide auch oft auf Mallorca und Teil der mallorquinischen Persico-Familie.

Carpaccio di polpo
KRAKENCARPACCIO

Für das gegrillte Gemüse

1 Zucchini
2 Auberginen
1 rote Paprikaschote
2 Strauchtomaten oder 4 rote Kirschtomaten
4 Pfifferlinge, Austernpilze oder Champignons

Die Zucchini und die Auberginen sorgfältig waschen, trocken tupfen und von den Stielansätzen befreien, dann der Länge nach in dünne Scheiben schneiden (alternativ können die Zucchini und die Auberginen auch quer in Scheiben geschnitten werden).

Die rote Paprikaschote vierteln, die Kerne, den Strunk und die Scheidewände entfernen, dann waschen und trocken tupfen. Die Paprikaviertel diagonal halbieren.

Die Strauchtomaten abwaschen und trocken tupfen. Mit einem spitzen Messer den Strunk herausschneiden und die Tomaten quer in dicke Scheiben schneiden. Dabei die Tomatenkerne herauskratzen. Werden Kirschtomaten verwendet, diese nur waschen.

Die Austernpilze vorsichtig mit einem Stück Küchenpapier säubern und je nach Größe gegebenenfalls halbieren.

Anschließend die Gemüsestücke nebeneinander auf einen sehr heißen Grill (am besten auf einen Holzkohlegrill) geben und pro Seite ca. 2–3 Minuten grillen.

Verdure grigliate
GEGRILLTES GEMÜSE

Anrichten

2 Knoblauchzehen
2 EL alter Aceto balsamico
2 EL hochwertiges Olivenöl extra vergine
hochwertiges Meersalz (z. B. Flor de Sal)
frisch gemahlener schwarzer Pfeffer
einige Blätter frische Minze
gegrilltes italienisches Weißbrot

Die fertig gegrillten Gemüsestücke sofort auf einer großen Servierplatte anrichten.

Die Knoblauchzehen schälen, in sehr feine Scheiben schneiden und über den »Verdure grigliate« verteilen. Das noch heiße gegrillte Gemüse mit etwas Aceto balsamico besprenkeln und mit dem Olivenöl beträufeln. Mit etwas Meersalz und frisch gemahlenem Pfeffer bestreuen, mit frischen Minzeblättern belegen und so vor dem Servieren einige Minuten ziehen lassen.

Dazu gegrilltes italienisches Weißbrot reichen.

Für die marinierten Sardellen

400 g kleine, sehr frische ganze Sardellen (italienische »alici«, keine Sardinen)
150–200 ml Weißweinessig
feines Meersalz
50 ml Olivenöl extra vergine
ca. 130 ml Maiskeim- oder Sonnenblumenöl zum Auffüllen

Die jungen Sardellen entlang des Bauchs öffnen, die Innereien entfernen und die Sardellen leicht nach oben hin aufklappen. Nun den Kopf zwischen Daumen und Zeigefinger nehmen und die Mittelgräte in einem Stück abziehen, am Schwanz abbrechen. Dabei den Schwanz selbst belassen, denn sonst fallen die Filets auseinander. Die aufgeklappten Sardellenfilets waschen und mit einem Küchenpapier trocken tupfen.

100 ml Weißweinessig in eine flache Schüssel mit hohen Wänden geben, sodass die Filets darin eingetaucht werden können. Nun die Sardellenfilets nebeneinander, mit der silbrigen Haut nach oben, und in mehreren Schichten im Essig einlegen. Dabei jede Schicht leicht salzen. Abschließend die Filets mit dem restlichen Weißweinessig übergießen, sodass alles gut bedeckt ist.

Die Schüssel mit Klarsichtfolie abdecken und die Sardellenfilets mindestens 2 Stunden ziehen lassen.

Die Essigsäure denaturiert das Eiweiß und »gart« den Fisch. Das zunächst glasige Fleisch wird durch das Marinieren weiß und zugleich fester in der Konsistenz. Falls die Fische nach 2 Stunden noch nicht »durchgegart« sein sollten, noch etwas länger in der Marinade ziehen lassen.

Dann die Sardellen aus dem Essig nehmen, abtropfen lassen und mit Küchenpapier trocknen.

In einem wiederverschließbaren Gefäß (z. B. einem Einmachglas) die Sardellenfilets nebeneinander mit der Haut nach oben einlegen. Dabei darauf achten, dass zwischen den Lagen keine zu großen Hohlräume (oder später Luftblasen) entstehen.

Alici marinate
FRISCHE MARINIERTE KLEINE SARDELLEN

Das Olivenöl mit dem Mais-/Sonnenblumenöl vermischen und über die Sardellen gießen (reines Olivenöl extra vergine würde im Kühlschrank weißlich-trüb werden und mit der Zeit auskristallisieren).

Das Glas verschließen und die Sardellen ein paar Stunden in den Kühlschrank stellen. Die marinierten Sardellen halten sich ohne Weiteres 3–4 Tage im Kühlschrank. Die Filets sollten dabei jedoch immer vollständig mit Öl bedeckt sein.

Anrichten

etwas gemahlenes Chilipulver
einige Blättchen glatte Petersilie
1 Knoblauchzehe, geschält und hauchdünn geschnitten

Die Sardellen aus dem Kühlschrank nehmen, die Filets einzeln aus dem Einmachglas holen und kurz abtropfen lassen. Das Marinieröl dabei noch zurückbehalten.

Dann die marinierten Sardellenfilets mit der Hautseite nach unten und sternförmig auf 4 großen Tellern anrichten. Nach Belieben mit etwas Chilipulver bestreuen und mit den hauchdünnen Knoblauchscheiben sowie einigen Petersilienblättchen garnieren. Das Marinieröl um die Sardellen geben und das Ganze als Vorspeise mit reichlich italienischem Landbrot servieren.

Anmerkung

Die kleinen, dünnen Sardellen (»Alici«) sollten unbedingt tagesfrisch und am besten etwa 7–10 cm lang sein.

»Il maresciallo/der Marshall«, Angelo Formisano, wacht hauptberuflich über saubere Wäsche (nicht nur im »Campino«) und im Nebenberuf, mit noch mehr Akribie, dass auf dem Golf de Andratx alles ordentlich läuft.

3 mittelgroße rote Paprikaschoten
3–4 Knoblauchzehen
1 EL fein geschnittene Minzeblätter
1 EL fein geschnittene glatte Petersilie
3 EL bestes Olivenöl extra vergine
feines Meersalz

Die Paprika waschen, trocknen und im Ganzen auf ein mit Backpapier ausgelegtes Backblech legen. Bei 200 °C (Umluft) auf mittlerer Schiene im Backofen backen, bis die Haut Blasen wirft und an einigen Stellen sogar verbrannt ist. Dies dauert etwa 30–40 Minuten.

Das Blech aus dem Ofen nehmen und die Paprikaschoten sofort mit einem feuchten Geschirrtuch bedecken (dadurch bleibt die Haut elastisch und löst sich anschließend besser ab). Die Paprikaschoten abkühlen lassen, bis sie nicht mehr zu heiß zum Anfassen sind.

Dann die Paprikaschoten vierteln, den Stiel, die Samen sowie die Scheidewände entfernen und anschließend die Haut abziehen. Die gehäuteten Paprikaviertel in schmale, etwa 5 cm lange Streifen schneiden.

Die Paprikastreifen in eine Schüssel geben (möglichst aus Glas oder Keramik). Den Knoblauch schälen, in feine Scheiben schneiden und zusammen mit den fein geschnittenen Minze- und Petersilienblättchen sowie dem Olivenöl extra vergine vermengen. Die Paprikastreifen mit feinem Meersalz abschmecken und verschlossen an einem kühlen Ort (gern im Kühlschrank) über Nacht ziehen lassen.

Anrichten

Die »Peperoni marinati« am nächsten Tag kalt oder bei Zimmertemperatur als Antipasto servieren.

Juan Cotes ist mein Tom Hagen. Mein gestrenger »consigliere« hat immer ein wachsames Auge: Nur er schafft es, den spontanen, manchmal zu enthusiastischen Pino-Dickkopf von einer Alternative zu überzeugen. Und die ist dann meistens auch noch kostengünstiger.

Giugliano »il macellaio« Di Matteo betreibt das Steakhouse »Il Rustico«.

Peperoni marinati
MARINIERTE PAPRIKA

Für den Fisch

400 g Baccalà (salziger, luftgetrockneter Kabeljau; Klippfisch)
50 g entsteinte schwarze Oliven
4 Zweige glatte Petersilie
etwas frisch gepresster Zitronensaft

Den Baccalà 48 Stunden vor der eigentlichen Zubereitung wässern. Dafür den Fisch gründlich abspülen und in eine Schale legen, mit reichlich kaltem Wasser bedecken und in den Kühlschrank stellen. Dabei drei- bis viermal das Wasser auswechseln, da sonst zu viel Salz im Fisch zurückbleibt.

Den Baccalà gründlich abspülen und eventuell von Haut und Gräten befreien. Einen großen Topf mit Wasser füllen und aufkochen lassen, den Baccalà hineingeben und 4–5 Minuten kochen lassen. Dann das Wasser abgießen und den Fisch kurz abkühlen lassen.

Den Fisch in einzelne Segmente zerzupfen und in eine Schüssel geben. Die Oliven klein schneiden und dazugeben. Die Blättchen von den Petersilienzweigen zupfen, fein schneiden und in die Schüssel geben. Alles vorsichtig vermengen, mit etwas frisch gepresstem Zitronensaft abschmecken und mindestens 30 Minuten lang kaltstellen.

Anrichten

frisch gemahlener schwarzer Pfeffer
hochwertiges Olivenöl extra vergine
4 Zitronenscheiben

Den marinierten Klippfisch auf 4 Teller verteilen, etwas schwarzen Pfeffer darübermahlen und mit dem Olivenöl beträufeln. Mit je 1 Zitronenscheibe garnieren und servieren.

Anmerkung

Dieses Gericht eignet sich hervorragend als Teil einer Antipastiplatte mit anderen Fischvorspeisen.

Baccalà marinato

MARINIERTER KLIPPFISCH

Für die saure Brühe

2,5 l Wasser
1,5 l trockener Weißwein
200 ml Weißweinessig
1 kleine Zwiebel
1 kleine Karotte
1 Selleriestange
1 Zweig glatte Petersilie
1 frisches Lorbeerblatt
1 Gewürznelke
5 schwarze Pfefferkörner
grobes Meersalz

Das Wasser, den Weißwein und den Weißweinessig in einen großen Topf geben. Die Zwiebel und die Karotte schälen, in kleine Würfel schneiden und dazugeben. Die Selleriestange putzen, in kleine Stücke schneiden und ebenfalls in den Topf geben. Den ganzen Petersilienzweig, das Lorbeerblatt, die Gewürznelke, die Pfefferkörner und etwas grobes Meersalz in den Topf geben, mit einem Deckel verschließen und zum Kochen bringen.

Die saure Brühe 30 Minuten lang bei mittlerer Temperatur köcheln lassen, dann in eine große Schüssel abseihen. Die Gemüsestücke sowie die Gewürze aus dem Sud entfernen; sie werden nicht mehr verwendet.

Die saure Brühe zurück in den Topf geben und gut mit Meersalz abschmecken, dann für die Zubereitung der Meeresfrüchte wieder zum Kochen bringen.

Für die Meeresfrüchte

ca. 1,2 kg gemischte Meeresfrüchte, z. B.: frische Calamaretti (Babykalmar), kleine Sepien (küchenfertig), Polpo-Arme, rohe Riesengarnelen mit Schale

Die einzelnen Meeresfrüchte werden getrennt voneinander, aber meist in derselben sauren Brühe gegart.

Insalata frutti di mare
MEERESFRÜCHTESALAT

Die Babykalmare einige Minuten in kaltem Wasser wässern. Anschließend je 1 Kalmar aus dem Wasser nehmen und mit einem Ruck die Tentakel (mitsamt den Eingeweiden) von der Tube trennen. Die Tentakel knapp über den Augen abschneiden. Die Augen, den Kopf und die anhängenden Eingeweide entsorgen. Die Kauwerkzeuge entfernen. Die Tentakel nochmals waschen und beiseitelegen.

Vorsichtig unter fließend kaltem Wasser die marmorierte braun-violette Haut so gut wie möglich von den Tuben abziehen, dann nochmals unter fließendem Wasser innen und außen waschen.

Die vorbereitete saure Brühe zum Kochen bringen, die Babykalmartuben und Tentakel in die sprudelnd kochende Brühe geben und ca. 1–2 Minuten kochen lassen. Dann die Tuben und Tentakel mit einem Schaumlöffel aus der Brühe heben und in einem großen Sieb beiseitestellen.

Die saure Brühe erneut aufkochen lassen. Die Sepien ebenfalls gut säubern, dann, wenn noch vorhanden, den Schulp aus dem Inneren entfernen und die Sepien gründlich waschen.

Die Sepien in die sprudelnd kochende Brühe geben und ca. 1–2 Minuten kochen lassen, bis das Sepienfleisch vollständig weiß ist, dann mit einem Schaumlöffel aus der Brühe nehmen und in das Sieb zu den Babykalmaren geben. Die saure Brühe erneut aufkochen lassen.

Die Polpoarme in kaltes Wasser legen, dann so gut wie möglich die Haut abziehen und nochmals gut waschen. Die ganzen Polpoarme in die sprudelnd kochende Brühe geben und etwa 3–4 Minuten kochen lassen, dann mit einem Schaumlöffel aus der Brühe nehmen und in das Sieb zu den anderen Meeresfrüchten geben. Die Polpoarme nicht zu lange kochen lassen, da sie sonst hart werden.

Die saure Brühe erneut aufkochen lassen. Die Riesengarnelen schälen, den Darm entfernen und unter fließend kaltem Wasser gut waschen. Die Riesengarnelen in die sprudelnd kochende Brühe geben und ca. 2 Minuten kochen lassen, dann mit einem Schaumlöffel aus der Brühe nehmen und in das Sieb zu den anderen Meeresfrüchten geben. Die Gardauer richtet sich nach der Größe der Garnelen; sie sollen innen noch leicht glasig sein.

Die saure Brühe für das Gemüse beiseitestellen.

Für die Muscheln

ca. 300 g frische Mies- und Venusmuscheln
2 EL Olivenöl extra vergine
1 Knoblauchzehe
100 ml trockener Weißwein

Die Venusmuscheln unter fließend kaltem Wasser gründlich waschen und in ein Sieb geben. Dabei solche Muscheln, die schon geöffnet und beschädigt sind, entsorgen.

Das Olivenöl in einer Kasserolle erhitzen. Die Knoblauchzehe schälen und in Scheiben schneiden. Die Knoblauchscheiben in die Kasserolle geben und farblos anschwitzen. Die Muscheln und den Weißwein dazugeben. Die Kasserolle mit einem Deckel verschließen, die Muscheln stark erhitzen und warten, bis sie sich öffnen. In der Regel dauert dies etwa 5 Minuten. Dabei hin und wieder die Muschelmasse mit einem Holzlöffel umschichten.

Danach die Muscheln abgießen und beiseitestellen. Muscheln, die sich nicht geöffnet haben, entsorgen. Das Muschelfleisch noch warm aus den Schalen lösen und beiseitestellen.

Für das Gemüse

50 g Karotte
½ Stange Staudensellerie

Die bereitgestellte saure Brühe zum Kochen bringen.

Die Karotte schälen, dann in ca. 4 cm lange und 1–2 mm dicke Streifen schneiden (Julienne). Die Karottenjulienne in der sprudelnd kochenden Brühe ca. 30 Sekunden sehr bissfest blanchieren, dann mit einem Schaumlöffel herausnehmen und in Eiswasser abkühlen lassen. Dann aus dem Eiswasser nehmen und in einem Sieb abtropfen lassen.

Vom Staudensellerie die Fäden abziehen, quer in feine Scheiben schneiden und beiseitestellen.

Fertigstellen

½ Knoblauchzehe
2 EL fein geschnittene glatte Petersilie
etwas Weißweinessig
etwas frisch gepresster Zitronensaft
feines Meersalz
frisch gemahlener schwarzer Pfeffer
Olio agrumato al limone (Olivenöl extra vergine mit Zitrone)

Die gegarten, noch lauwarmen Meeresfrüchte in mundgerechte Stücke schneiden und zusammen mit dem ausgelösten Muschelfleisch in eine große Schüssel geben. Die Knoblauchzehe schälen, die Hälfte in hauchdünne Scheiben hobeln und dazugeben. Die fein geschnittene Petersilie, die Karottenjulienne sowie die Selleriescheiben hinzufügen und alles gut miteinander vermengen.

Den Meeresfrüchtesalat mit dem Weißweinessig, etwas frischem Zitronensaft, Meersalz und frisch gemahlenem Pfeffer abschmecken. Abschließend reichlich Olio agrumato al limone darübergeben und gut vermengen. Den Salat abdecken und im Kühlschrank ca. 6 Stunden lang durchziehen lassen.

Anrichten

1 Zitrone
etwas zarte Salatblätter (etwa Rucola oder Frisée), nach Belieben
frisch gemahlener schwarzer Pfeffer

Die Zitrone großzügig mit einem Messer, inklusive der weißen Haut, schälen. Die Fruchtfilets mit einem scharfen Messer vorsichtig aus den Trennhäuten schneiden. Die Filets längs halbieren.

Den Meeresfrüchtesalat aus dem Kühlschrank nehmen, durchmischen und eventuell abschmecken. Auf Teller verteilen und mit den Zitronenfruchtfilets garnieren. Nach Belieben ein paar Salatblätter in die Mitte setzen und Pfeffer darübermahlen.

Anmerkung

Der Meeresfrüchtesalat eignet sich für ein Antipastibuffet. Dafür den Salat auf einer großen Edelstahlplatte anrichten.

Für Günni (Günter Rusch) wäre die doch etwas langwierige Zubereitung des Insalata frutti di mare mit sechs Stunden Kühlzeit sicherlich nichts. Er ist »der Hektiker«, was seinen Immobiliengeschäften auf Mallorca aber sicherlich nicht abträglich ist. Als Gast zunächst gern gesehen, ist er über die Jahre ein guter Freund geworden.

Insalata frutti di mare
MEERESFRÜCHTESALAT

Für das Fleisch

500 g Kalbsnuss
1 kleine Karotte
½ Selleriestange
1 Zwiebel
2 EL Olivenöl extra vergine
3 Gewürznelken
150 ml trockener Weißwein
feines Meersalz

Die Kalbsnuss 30 Minuten vor der Zubereitung aus dem Kühlschrank nehmen.

Die Karotte schälen und in grobe Stücke schneiden. Die Selleriestange waschen und in 2 cm große Stücke schneiden. Die Zwiebel schälen und in grobe Stücke schneiden.

Das Olivenöl in einer Kasserolle erhitzen und die Kalbsnuss von allen Seiten darin goldgelb anbraten. Die Kalbsnuss aus der Kasserolle nehmen und beiseitestellen. Die Karotten-, die Sellerie- und die Zwiebelstücke sowie die Gewürznelken in die Kasserolle geben und bei niedriger Temperatur ein paar Minuten lang farblos anschwitzen. Mit 100 ml Wasser aufgießen und aufkochen lassen.

Dann die Kalbsnuss im Ganzen daraufgeben. Den Topf abdecken und etwa 90 Minuten bei niedrigster Temperatur garen. Nach 1 Stunde das Fleisch mit dem Weißwein übergießen und leicht salzen. Sollte während der Kochzeit die Flüssigkeit aus dem Topf komplett verdunsten, etwas kaltes Wasser angießen. Hin und wieder das Kalbfleisch mit der Bratflüssigkeit begießen.

Den Topf vom Herd nehmen und die Kalbsnuss im Topf bei verschlossenem Deckel abkühlen lassen. Dann den Topf 12 Stunden in den Kühlschrank stellen. Kurz vor dem Anrichten aus dem Kühlschrank nehmen und das Fleisch mit der Aufschnittmaschine in 1–2 mm dicke gleichmäßige Scheiben schneiden.

Vitello tonnato

KALBFLEISCH MIT THUNFISCH-SARDELLEN-CREME

Für die Mayonnaise

1 sehr frisches Ei, zimmerwarm
175 ml mildes Olivenöl extra vergine
1 TL frisch gepresster Zitronensaft
feines Meersalz

Das aufgeschlagene Ei, das Olivenöl und den frisch gepressten Zitronensaft in einen hohen Mixbecher geben. Die Zutaten mit dem Pürierstab, vom Mixbecherboden ausgehend, mit leichten Hin- und Herbewegungen nach oben hin so lange durchmixen, bis eine cremige Mayonnaise entstanden ist. Mit feinem Meersalz abschmecken.

Für die Thunfisch-Sardellen-Creme

6–7 EL Olivenöl extra vergine
10 kleine Kapern, kurz gewässert und abgetropft
3 Sardellenfilets, in Öl eingelegt und abgetropft
100 g Thunfisch aus der Dose, in Olivenöl eingelegt und abgetropft
1 Zitrone
200 g frische Mayonnaise (siehe oben)
feines Meersalz

Das Olivenöl, die Kapern, die Sardellenfilets und den Thunfisch in einem Mixer zerkleinern. Die Zitrone auspressen und den Saft durch ein Sieb geben, um das eventuell vorhandene Fruchtfleisch zu entfernen. Die Mayonnaise und die Hälfte des Zitronensaftes dazugeben, dann alles nochmals mixen, sodass eine gleichmäßige und sämige Creme entsteht. Die Creme mit feinem Meersalz und wiederum etwas Zitronensaft abschmecken.

»Meine kleine Zicke« Martha hat es ins Buch mit Leichtigkeit, Eleganz und ohne großes Murren geschafft. Ihr Freund Carlos, vor langer Zeit Angestellter bei mir in Nürnberg und ein guter Freund, hat sich dagegen (leider) erfolgreich gedrückt.

Vitello tonnato

KALBFLEISCH MIT THUNFISCH-SARDELLEN-CREME

Anrichten

12 ganze Kapernäpfel
frisch gemahlener weißer Pfeffer, nach Belieben
etwas gehackte glatte Petersilie, nach Belieben
Abrieb von 1 unbehandelten Zitrone, nach Belieben
einige kleine zarte Salatblätter (etwa Friséesalat), nach Belieben

Die Thunfisch-Sardellen-Creme auf 4 große Teller verteilen und mit der runden Seite eines Esslöffels leicht verstreichen. Die Kalbsscheiben nebeneinander auf die Sauce legen, ohne dass sie überlappen. Nach Belieben frisch gemahlenen weißen Pfeffer darübermahlen und etwas gehackte Petersilie sowie frisch geriebene Zitronenschale darüberstreuen oder mit einem kleinen Salatbouquet garnieren.

Anmerkung

Dieses Gericht eignet sich auch gut als Teil eines Antipastibuffets. Dazu das »Vitello tonnato« auf einer Edelstahlplatte anrichten.

Dieser mallorquinische Schäfer tauchte beim Fotoshooting auf, denn eines seiner Lämmchen hatte sich, von unserem Treiben angezogen, von der Herde entfernt und zu uns gesellt.

Vitello tonnato

KALBFLEISCH MIT THUNFISCH-SARDELLEN-CREME

Für die Sardellen

600 g frische ganze Sardellen, mittelgroß (ca. 12 cm; italienische »acciughe«)

Von den küchenfertigen Sardellen den Kopf mit einem scharfen Messer abtrennen und die Mittelgräte in einem Stück mitsamt dem Schwanz entfernen, noch vorhandene Gräten mit einer Pinzette abzupfen. Die Sardellen nicht in 2 Filets teilen, der Fisch soll noch ganz bleiben.

Dann die Fische unter fließendem Wasser gründlich waschen. Ein großes Holzbrett leicht schräg stellen, die Fische darauflegen und gut abtropfen lassen, dann mit einem Küchenpapier abtupfen.

Für die Füllung

3 Scheiben Toastbrot
150 ml lauwarme Vollmilch
1 Ei
70 g frisch geriebener Parmesan
2 EL frisch gehackter Oregano
feines Meersalz
frisch gemahlener schwarzer Pfeffer

Die Toastbrotscheiben in grobe Stücke zerteilen, in eine kleine Schüssel geben und mit lauwarmer Milch bedecken. Die Schüssel abdecken und die Toastbrotwürfel ca. 5 Minuten quellen lassen. Die Toastbrotwürfel gut ausdrücken und mit dem verquirltem Ei, dem frisch geriebenen Parmesan und dem gehackten Oregano vermengen. Die Masse mit Meersalz und frisch gemahlenem schwarzem Pfeffer abschmecken. Etwas von dieser Mischung in den Fischen – zwischen den beiden Sardellenhälften – verteilen und die Filets wieder zusammendrücken.

Frittieren

2 Eier
feines Meersalz
100 g trockene Weißbrotbrösel zum Panieren
400 ml neutrales Pflanzenöl zum Frittieren

Die Eier aufschlagen und mit etwas Meersalz leicht verquirlen. Die gefüllten Sardellen nacheinander zuerst in dem verquirlten Ei und dann in den Weißbrotbröseln wenden. Die panierten Fische auf eine Platte legen und ½ Stunde lang im Kühlschrank ruhen lassen.

Eine große Pfanne mit hohen Wänden mit dem Frittieröl füllen und erhitzen. Dann die gefüllten Sardellen in dem heißen Öl schwimmend ausbacken, dabei immer wieder mit einem Löffel heißes Frittieröl über die Fische geben und die gefüllten Filets einmal wenden.

Wenn die Sardellen eine schöne goldbraune Farbe angenommen haben, mit dem Schaumlöffel aus der Pfanne nehmen und kurz auf Küchenpapier abtropfen lassen.

Anrichten

4 Zitronenschnitze

Die frittierten Sardellen möglichst heiß, garniert mit den Zitronenschnitzen und an einem frischen – mit Essig und Öl marinierten – Salat (nach Saison), servieren.

Thorsten, mein zweiter Chef in der Küche, ist seit etwa zwei Jahren bei mir. Er kommt aus Magdeburg, versteht sich jedoch – oder gerade deswegen?! – prächtig mit dem Sarden Costantino, »Campino«-Küchenchef. Costantino fiebert, wie alle im Team, mit, denn Thorsten wird bald zum ersten Mal papà …

Für die Zucchini

400 g Zucchini
feines Meersalz
frisch gemahlener schwarzer Pfeffer

Die Zucchini waschen, trocknen und die Enden abschneiden.

Die Zucchini mit einer Gemüsereibe fein raspeln. Die entstandenen feinen Gemüseraspel in ein Küchentuch einschlagen und leicht ausdrücken, sodass die Feuchtigkeit entweichen kann.

Die Zucchinistreifen in eine Schüssel geben, mit Salz und frisch gemahlenem schwarzem Pfeffer würzen, gut vermengen und ein paar Minuten ruhen lassen.

Für den Teig

2 Eier
2 EL Weizenmehl (Type 405)
2 EL frisch geriebener Grana padano
1 EL gehackte glatte Petersilie
feines Meersalz
frisch gemahlener schwarzer Pfeffer
geschmacksneutrales Pflanzenöl zum Ausbacken

In der Zwischenzeit in einer weiteren Schüssel die Eier mit dem Weizenmehl, dem geriebenen Käse und der Petersilie vermischen. Das Ganze nochmals mit etwas Salz und Pfeffer abschmecken.

Fertigstellen

Die Zucchiniraspel erneut in einem Tuch gut ausdrücken, zu dem Teig in die Schüssel geben und alles gut vermengen.

Reichlich Pflanzenöl (ca. 0,5 cm hoch) in einer Pfanne erhitzen. Nun den Zucchinipufferteig löffelweise – wie groß die einzelnen »Frittelle« werden sollen, bleibt dabei jedem selbst überlassen – in das heiße Öl zum Ausbacken geben. Wenn die eine Seite goldbraun gebacken ist, die Frittelle wenden und fertig backen.

Frittelle di zucchine

ZUCCHINIPUFFER

Die fertigen Zucchinipuffer aus der Pfanne nehmen und auf Küchenpapier abtropfen lassen. Auf diese Weise die restlichen Puffer ausbacken oder, besser noch, mit mehreren Pfannen gleichzeitig arbeiten, da die Frittelle heiß serviert werden sollten.

Für das Zucchinicarpaccio

1 Zucchini
feines Meersalz
etwas Olivenöl extra vergine zum Beträufeln

Während die Zucchinipuffer ausbacken, die Zucchini waschen, trocknen und die Enden abschneiden.

Die Zucchini mit einem sehr feinen Hobel oder mit der Aufschnittmaschine in hauchdünne Scheiben schneiden. Die Zucchinischeiben leicht überlappend auf je 4 große Teller anrichten. Das Zucchinicarpaccio leicht salzen und mit dem Olivenöl beträufeln.

Anrichten

Die Zucchinipuffer jeweils in die Mitte auf das Zucchinicarpaccio platzieren und sofort servieren.

Angelo »il baro« Coniglio. Auch wenn er beim Golfen genauso wie beim Kartenspielen schummelt – es tut gut, ihn als Freund zu haben.

20 Pimientos de Padrón (grüne Bratpaprika, Spezialität aus Galizien)
Olivenöl zum Braten
grobes Meersalz

Die Bratpaprika waschen und sehr gut trocken tupfen.

Reichlich Olivenöl in einer großen Pfanne (ca. 1–2 cm hoch) sehr heiß werden lassen. Die Bratpaprika im Ganzen hineingeben und so lange frittieren, bis die Haut leichte Blasen wirft.

Die Pimientos mit einem Schaumlöffel aus dem Öl heben und auf Küchenpapier legen, sodass das überschüssige Fett aufgesaugt wird. Sofort mit grobem Meersalz bestreuen und so heiß wie möglich anrichten.

Anrichten

knuspriges Weißbrot

Die »Pimientos de Padrón« auf 4 Tellern anrichten und sehr heiß servieren. Zu dieser mallorquinischen Vorspeise ein knuspriges Weißbrot reichen.

Anmerkung

Die »Pimientos de Padrón«, ursprünglich vom galizischen Festland stammend, haben auch auf Mallorca eine lange Tradition. Sie werden unreif und grün geerntet. Jede Schote hat einen individuellen Schärfegrad, selbst wenn Schoten von ein und derselben Pflanze stammen. Die »Pimientos de Padrón« garantieren also immer eine Überraschung bei Tisch.

Pimientos de Padrón

FRITTIERTE BRATPAPRIKA

8 dünne Scheiben Prosciutto crudo (roher Schinken)
4 kleine Kugeln Mozzarella à ca. 50 g (Bocconcini), ersatzweise 20 kleine Mozzarellaperlen
4 Basilikumzweige
grobes Meersalz
frisch gemahlener schwarzer Pfeffer
12 Schnittlauchhalme

4 dünne Schinkenscheiben mit viel Abstand flach nebeneinander auf einem großen Holzbrett auslegen, auf jede Schinkenscheibe jeweils 1 der restlichen Schinkenscheiben kreuzweise legen. Darauf jeweils 1 Mozzarellakugel (bzw. je 5 von den Mozzarellaperlen) in die Mitte geben.

Die Basilikumblätter von den Stielen zupfen, grob hacken und auf den Mozzarellakugeln verteilen. Mit grobem Meersalz und frisch gemahlenem schwarzem Pfeffer bestreuen.

Von jedem »Schinkenkreuz« die 4 Enden nach oben führen und die Prosciuttoscheiben so zu einem Säckchen formen. Diese Enden mit je 3 übereinanderliegenden Schnittlauchhalmen zubinden und somit verschließen.

Ein Backblech mit Backpapier auslegen, die Fagottini darauf platzieren und im auf 180 °C vorgeheizten Backofen (Unter-/Oberhitze) ca. 5 Minuten überbacken. Die »Fagottini di prosciutto crudo« nur so lange im Backofen lassen, bis der Mozzarella weich ist, aber nicht ausläuft.

Anrichten

einige Grissini nach Belieben

Je 1 Fagottino sofort nach dem Überbacken auf 1 vorgewärmten Teller setzen und sofort servieren. Nach Belieben knusprige Grissini dazu reichen.

Anmerkung

»Far fagotto« heißt im Italienischen »sein Bündel schnüren«.

Fagottino di prosciutto crudo
SCHINKENSÄCKCHEN

Für den Spargel

1 Bund wilder grüner Spargel (ca. 200 g)
2 EL Olivenöl extra vergine
2 Knoblauchzehen
12 rote Kirschtomaten
feines Meersalz

Den Spargel waschen, putzen, eventuell die Endstücke abschneiden, anschließend klein schneiden.

Das Olivenöl in einer beschichteten Pfanne erhitzen, die Spargelstücke hineingeben und anbraten.

Den Knoblauch schälen, fein würfeln und dazugeben. Das Ganze 4–5 Minuten bei kräftiger Hitze unter ständigem Rühren garen (der Spargel soll Röstaromen aufnehmen). Dabei aber darauf achten, dass der Knoblauch nicht zu braun wird.

Die Kirschtomaten waschen, vierteln und dazugeben. Alles gut durchschwenken und mit etwas feinem Meersalz würzen, anschließend die Pfanne vom Herd nehmen.

Für das Rührei

4 Eier, feines Meersalz

Die Eier aufschlagen und in einer Schüssel verquirlen, leicht salzen und dann über die Spargel-Tomaten-Mischung in der Pfanne gießen. Alles gut mit einem Holzlöffel verrühren.

Die Pfanne wieder auf den Herd stellen und bei geringer Hitze so lange rühren, bis die Eimasse zu stocken beginnt und sich gut vom Boden der Pfanne löst, ohne allzu fest zu werden.

Anrichten

hochwertiges Meersalz (z. B. Flor de Sal), frisch gemahlener schwarzer Pfeffer

Das Spargelrührei auf 4 vorgewärmte Teller verteilen, mit wenig Meersalz und nach Belieben mit frisch gemahlenem schwarzem Pfeffer bestreuen, dann sofort servieren.

Uove strapazzate con asparagi selvatici

RÜHREI MIT WILDEM SPARGEL

Für den Risottoreis

800 ml Gemüsebrühe
1 kleine Zwiebel
30 g Butter
200 g italienischer Risottoreis »semifino« (z. B. Vialone Nano)
feines Meersalz
½ Briefchen Safranfäden
30 g frisch geriebener Parmesan
frisch gemahlener schwarzer Pfeffer

In einem Topf die Gemüsebrühe aufkochen lassen. Die Zwiebel schälen und fein würfeln. In einem weiteren, großen Topf die Butter aufschäumen lassen, die Zwiebelwürfel dazugeben und farblos anschwitzen. Den ungewaschenen Risottoreis zu den Zwiebelwürfeln geben und 1–2 Minuten farblos anschwitzen, dann 1 Prise feines Meersalz dazugeben.

Nach und nach jeweils ca. 1 Schöpfkelle voll kochend heißer Gemüsebrühe zu dem Risottoreis geben und bei mittlerer Hitze weiterköcheln lassen. Dabei hin und wieder umrühren. Erst wenn der Risottoreis die Flüssigkeit vollständig aufgenommen hat, erneut heiße Gemüsebrühe hinzufügen. Der Risottoreis benötigt zum Garen ca. 17–20 Minuten. Die Safranfäden in 1 EL warmem Wasser einweichen.

Etwa 2 Minuten vor Ende der Garzeit die Safranfäden mit dem Einweichwasser in den Topf geben und verrühren. Der Reis sollte am Ende der Garzeit noch al dente, dabei aber schön sämig sein.

Den Topf vom Herd nehmen und den frisch geriebenen Parmesan unterrühren, mit Meersalz und frisch gemahlenem Pfeffer abschmecken und 1 Minute ruhen lassen. Alles nochmals kräftig durchrühren und die Reismasse auf einer Marmortischplatte oder einer großen Servierplatte mit glatter Oberfläche flach ausbreiten und vollständig auf Zimmertemperatur abkühlen lassen.

Arancini di riso
GEFÜLLTE REISBÄLLCHEN

Für die Füllung

3 EL Erbsenkerne, frisch oder TK-Ware
feines Meersalz
150 g Ragù (siehe Rezept Seite 168)

Etwa 200 ml Wasser in einem kleinen Topf aufkochen lassen und leicht salzen. Die Erbsenkerne in dem Salzwasser 2 Minuten blanchieren, das Wasser abgießen und die Erbsenkerne unter fließendem kaltem Wasser abschrecken, anschließend abkühlen lassen. Die Erbsenkerne in eine kleine Schüssel geben und mit dem abgekühlten Ragù mischen, das relativ konzentriert und nicht zu flüssig sein sollte.

Fertigstellen

100 g frischer Schafskäse
abgekühlte Reismasse (siehe S. 108)
Ragù-Erbsen-Mischung (siehe oben)
2 Eier
feines Meersalz
ca. 100 g doppelgriffiges Weizenmehl (ersatzweise Weizenmehl Type 405) zum Panieren
ca. 150 g trockene Weißbrotbrösel zum Panieren
750 ml neutrales Pflanzenöl zum Frittieren

Den Schafskäse in kleine Würfel schneiden.

Die Hände mit kaltem Wasser anfeuchten. Einen gut gehäuften Esslöffel der abgekühlten Reismasse in die hohle Hand streichen und die Mitte der Masse mit dem Löffel leicht aushöhlen. In diese Mulde einige Teelöffel der Ragù-Erbsen-Mischung sowie einen Käsewürfel geben. Mit etwas Reis verschließen und mit den Händen zum »Arancino« (»kleine Orange«) formen. So verfahren, bis alle Zutaten verarbeitet sind.

Nun die Eier in einem tiefen Teller verquirlen und leicht salzen. Die Arancini zuerst in dem Mehl, dann in dem verquirlten Ei und schließlich in den Weißbrotbröseln wenden. Die Arancini so mit einer gleichmäßig dicken Schicht der Panade umhüllen.

Alex, mein Maître aus der Steiermark, ist schon seit drei Jahren bei mir. Deutsch, Spanisch, Italienisch … In meiner international durcheinandergewürfelten Mannschaft sind die Haussprachen Deutsch und Spanisch, damit sich alle untereinander auch sprachlich gut verstehen.

Arancini di riso
GEFÜLLTE REISBÄLLCHEN

Die Reisbällchen etwa 2 Stunden an einem kühlen Ort oder im Kühlschrank ruhen lassen. Dann reichlich Pflanzenöl in einem Topf erhitzen (das Öl sollte um die 175 °C haben) und die Arancini darin ausbacken. Hin und wieder mit einem Löffel heißes Fett über die Reisbällchen gießen.

Sobald sie rundum goldbraun gebacken sind, die Reisbällchen mit einem Schaumlöffel herausnehmen, gut abtropfen und auf doppelt gelegtes Küchenpapier betten, sodass rundherum das überschüssige Fett aufgesaugt wird.

Anrichten

Die Arancini sofort warm, aber nicht zu heiß servieren. Dazu passt ein aromatischer Tomatensugo (siehe Seite 165).

Anmerkung

Anstatt von Ragù kann die Füllung der Arancini auch nur aus Erbsen, etwas Béchamelsauce und ein paar Käsewürfeln hergestellt werden. Alternativ können auch Mozzarella oder milder Provolone verwendet werden. Für die Arancini kann hervorragend übrig gebliebener Risotto vom Vortag aufgebraucht werden.

Wetten, dass er es nie lernt? Wolfgang Herfert, genannt »der Sturkopf«, versuche ich seit fünf Jahren (und ich bin nicht der Einzige), das Golfspielen beizubringen. Er sagt von sich selbst, er sei »zu dämlich fürs Golfen«. Seine Wettfirma läuft allerdings ganz gut – vielleicht setze ich doch auf seine Lernfähigkeit …

Für die frittierten Spezialitäten

200 g festkochende Kartoffeln
100 g rote Paprikaschote
200 g Kalbfleisch, z. B. aus der Oberschale
100 g frische Kalbsleber
2 Frühlingszwiebeln
8 Knoblauchzehen
1 l neutrales Pflanzenöl zum Frittieren
100 g frisch gepalte Erbsen

Alle Zutaten werden einzeln frittiert, dafür zunächst das Frittiergut vorbereiten:

Die Kartoffeln schälen und in eine Schüssel mit kaltem Wasser legen.

Die Paprikaschote vom Stiel, von den Kernen und den Scheidewänden befreien, anschließend in ca. 1 cm große Würfel schneiden.

Das Kalbfleisch mit Küchenpapier trocken tupfen und in 1 cm große Würfel schneiden.

Die Kalbsleber waschen und mit Küchenpapier trocken tupfen, anschließend in 1 cm große Würfel schneiden.

Die Frühlingszwiebeln putzen, die grünen Bestandteile und Wurzeln entfernen und in 1 cm große Stücke schneiden. Den Knoblauch schälen und längs vierteln.

Das Pflanzenöl in einem Topf erhitzen. Die geschälten Kartoffeln aus dem Wasser nehmen, gut mit Küchenpapier trocken tupfen und in 1 cm große Würfel schneiden. Die Kartoffelwürfel sofort in das heiße Frittierfett gleiten lassen und goldbraun ausbacken, dabei hin und wieder das Frittiergut mit einem Kochlöffel bewegen. Die krossen Kartoffelwürfel mit einem Schaumlöffel aus dem Frittierfett heben und auf Küchenpapier abtropfen lassen.

Nacheinander die Paprika, die Kalbfleischwürfel, die Kalbsleberwürfel, die Frühlingszwiebeln, den Knoblauch und die Erbsen frittieren und gut auf Küchenpapier abtropfen lassen.

Fertigstellen

2 EL Olivenöl extra vergine
1 frische Peperoncino, nach Bedarf
feines Meersalz
frisch gemahlener schwarzer Pfeffer
etwas Grün von wildem Fenchel (beim Gemüsehändler vorbestellen, ersatzweise etwas Grün vom Gemüsefenchel)

Das Olivenöl in einer großen Pfanne erhitzen, dann alle frittierten Zutaten hineingeben und gut durchschwenken. Für eine »scharfe Note« eine frische Peperoncino im Ganzen dazugeben.

Alles salzen, pfeffern und in der Pfanne sautieren, bis das »Frito mallorquin« wieder erhitzt ist. Abschließend das gezupfte Fenchelgrün dazugeben, die Peperoncinoschote entfernen, nochmals gut durchschwenken und sofort anrichten.

Anrichten

Die frittierten mallorquinischen Spezialitäten auf 4 vorgewärmte Teller verteilen und sofort servieren.

Angelo, »il baro« lebte schon 25 Jahre in Deutschland, als er ein Interview beim Fernsehsender Sat1 gab – welches im Nachhinein deutsch untertitelt werden musste. Eine Kostprobe der »lingua baro«: Zwei Berliner Damen bitten um Feuer, und Angelo fragt ganz höflich: »Woher kommt ihr euch?«.

Frito mallorquin

MALLORQUINISCHE FRITTIERTE SPEZIALITÄTEN

Brodi

Suppen

Für die geschmorten Artischocken

8 kleine violette Artischocken
1 unbehandelte Zitrone, in Scheiben geschnitten
½ Stange Lauch
½ Zwiebel
1 Knoblauchzehe
1 EL Olivenöl extra vergine
grobes Meersalz
1 l frische Gemüsebrühe

Die Artischockenstiele auf 3 cm kürzen. Die zähen äußeren Hüllblätter abzupfen und entsorgen. Die Blattansätze von den Artischockenböden und die Artischockenstiele mit einem scharfen Messer großzügig schälen. Die Blattspitzen um mindestens ⅓ kürzen. Das nun sichtbare Heu löst man am besten mit einem Kugelausstecher oder mit einem kleinen Löffel. Die Artischocken sofort in kaltes Wasser mit Zitronenscheiben legen, damit sie sich nicht verfärben.

Den Lauch längs halbieren, putzen, gründlich waschen und in dünne Scheiben schneiden. Die halbe Zwiebel schälen und fein würfeln. Die Knoblauchzehe schälen und sehr fein hacken. Das Olivenöl in einem Topf erhitzen, die Zwiebel- und Knoblauchwürfel sowie den Lauch hineingeben und alles unter Rühren anschwitzen, ohne dass das Gemüse braun wird.

Die Artischocken aus dem Zitronenwasser nehmen, kurz abtropfen lassen und längs vierteln. Die Artischockenviertel ebenfalls in den Topf geben und weitere 3 Minuten farblos anbraten, leicht salzen, dann die Gemüsebrühe angießen. Alles aufkochen lassen, die Temperatur reduzieren und bei mittlerer Hitze 30 Minuten köcheln lassen. Abschließend nochmals mit Meersalz abschmecken.

Carciofi in umido
GESCHMORTE ARTISCHOCKEN

Anrichten

frisch gemahlener schwarzer Pfeffer
etwas frisch gehackte glatte Petersilie
hochwertiges Olivenöl extra vergine zum Beträufeln

Die geschmorten Artischocken auf 4 vorgewärmte tiefe Teller verteilen, mit frisch gemahlenem schwarzem Pfeffer und frisch gehackter glatter Petersilie bestreuen. Abschließend mit dem guten Olivenöl extra vergine beträufeln und sofort servieren.

Anmerkung

Für eine »scharfe Note« kann je nach Belieben zusätzlich eine kleine frische Peperoncinoschote im Ganzen mitgeschmort werden. Die Schote in diesem Fall vor dem Anrichten wieder entfernen.

Manchmal muss man schmoren.

Carciofi in umido
GESCHMORTE ARTISCHOCKEN

Für die Vongole

1 kg frische Vongole (Venusmuscheln)
5–6 Bund glatte Petersilie, die Blätter abgezupft
2 Knoblauchzehen
2 EL Olivenöl extra vergine
feines Meersalz
frisch gemahlener schwarzer Pfeffer

Die Venusmuscheln unter fließendem kaltem Wasser gründlich waschen und tropfnass in eine große Kasserolle geben. Dabei solche Muscheln, die schon geöffnet und beschädigt sind, entsorgen.

Die Kasserolle mit einem Deckel verschließen und die Venusmuscheln stark erhitzen, dabei warten, bis sie sich öffnen. In der Regel dauert dies etwa 5–7 Minuten. Dabei hin und wieder die Muschelmasse mit einem Holzlöffel umschichten.

Danach die Venusmuscheln mit einem Schaumlöffel aus der Kasserolle nehmen und beiseitestellen. Muscheln, die sich nicht geöffnet haben, entsorgen. Die ausgetretene Kochflüssigkeit in ein hohes Gefäß geben und ruhen lassen, damit sich die Trübstoffe unten absetzen können.

Unterdessen die Petersilie waschen und die von den Stielen gezupften Blätter gemeinsam mit den geschälten und fein geschnittenen Knoblauchzehen mit einem Wiegemesser sehr fein zerkleinern.

Das Olivenöl extra vergine sowie die fein zerkleinerte Knoblauch-Petersilien-Mischung in die große Kasserolle geben. Gemeinsam erhitzen und auf mittlerer Temperatur einige Minuten lang anschwitzen. Dabei auf den Knoblauch achten: Er soll goldgelb, aber nicht zu dunkel werden.

Das Kochwasser der Muscheln ohne den Absatz durch ein sehr feines Sieb in eine Schüssel seihen. 4 EL von diesem Kochwasser in die Kasserolle mit der Knoblauch-Petersilien-Mischung geben, vermengen und alles 1 weitere Minute bei kräftiger Hitze aufkochen lassen. Nun die Muscheln unterrühren, den Topf mit einem Deckel verschließen und einige Minuten ziehen lassen.

Die fertigen Venusmuscheln mit feinem Meersalz und etwas frisch gemahlenem schwarzen Pfeffer abschmecken.

Für das gegrillte Landbrot

4 Scheiben Landbrot
1 Knoblauchzehe

Während die Knoblauch-Petersilien-Mischung in der Kasserolle angeschwitzt wird, die Brotscheiben unter dem Grill des Backofens rösten.

Den Knoblauch schälen und halbieren. Sobald die knusprigen Brotscheiben aus dem Ofen kommen, diese mit den halbierten Knoblauchzehen einreiben, damit sie einen feinen Knoblauchgeschmack annehmen. Die Brotscheiben so heiß wie möglich zu den Muscheln servieren.

Anrichten

frisch gemahlener schwarzer Pfeffer
einige Basilikumblättchen

Die Venusmuscheln mit der Sauce auf 4 tiefe vorgewärmte Teller geben, etwas schwarzen Pfeffer darübermahlen und mit einigen Basilikumblättern garnieren. Das knusprige Landbrot dazu reichen.

Vicky ist die Tochter von Papou und Giagia. Sie verfiel dem »Schummler« in Nürnberg und zog dann mit ihm, nachdem ich sie überreden konnte, auch auf die Insel. Auch der Transit Griechenland – Nürnberg – Mallorca kann also glücken – und glücklich machen.

Vongole in salsa verde

VENUSMUSCHELN IN GRÜNER SAUCE

Für den Zampone di Modena

1 Zampone (gefüllter Schweinsfuß), ca. 1 kg

Den Schweinsfuß mit reichlich kaltem Wasser in einen Topf geben, aufkochen und 30 Minuten lang leicht köcheln lassen.

Für die Suppe

400 g Weißkohl
100 g grüne Bohnen je nach Jahreszeit (etwa Stangenbohnen)
2 EL Olivenöl extra vergine
100 g festkochende Kartoffeln
100 g Zucchini
vorgekochter Zampone (siehe oben)
grobes Meersalz, frisch gemahlener schwarzer Pfeffer

Den Weißkohl vom Strunk befreien und in mundgerechte Stücke schneiden. Die Bohnen waschen, putzen und in mundgerechte Stücke schneiden.

Das Olivenöl in einem großen Topf erhitzen, den Weißkohl hinzugeben und unter Rühren farblos anschwitzen. Die Bohnen mit 1,5 l Wasser hineingeben und aufkochen lassen. Die Suppe zugedeckt 15 Minuten köcheln lassen. Die Kartoffeln schälen, in 1–1,5 cm große Würfel schneiden.

Die Zucchini waschen, längs halbieren und in 1,5 cm dicke Stücke schneiden. Den vorgekochten Zampone in 3 cm dicke Scheiben schneiden und zu den Kartoffeln und den Zucchini geben. Die Kohlsuppe nochmals 15 Minuten leicht köcheln lassen, bis die Kartoffeln weich sind. Dann mit grobem Meersalz und frisch gemahlenem Pfeffer abschmecken.

Anrichten

frisch geriebener Pecorino

Die Minestra auf tiefen Tellern anrichten, mit etwas frisch geriebenem Pecorino bestreuen und servieren.

»Mein kleiner Mops«, wie ich meine Schwester Carmela liebevoll nennen darf, pendelt regelmäßig von Nürnberg nach Mallorca. Ich bilde mir natürlich ein, sie tut's auch, weil sie mich sehen möchte, und nicht nur, weil sie sichergehen will, dass ich ihrem Sohn Luigi keine Flausen in den Kopf setze.

Minestra di cavoli e zampone

KOHLSUPPE MIT ZAMPONE DI MODENA

200 g frisches Petersfischfilet, mit Haut
200 g frisches Seehechtfilet, mit Haut
200 g frische Venusmuscheln
200 g frische Miesmuscheln
4 rohe Riesengarnelen, mit Schale
6 EL Olivenöl extra vergine
1 große Zwiebel
1 Knoblauchzehe
500 g rote Kirschtomaten, geschält, aus der Dose (»Pomodorini di Collina«)
1 EL gehackte glatte Petersilie
2 Basilikumzweige, fein geschnitten
100 ml trockener Weißwein
grobes Meersalz
frisch gemahlener schwarzer Pfeffer

Die Fischfilets waschen, mit Küchenpapier trocken tupfen in etwa 5 cm lange Stücke schneiden.

Die Muscheln unter fließend kaltem Wasser gründlich waschen und abtropfen lassen, dabei solche Muscheln, die bereits geöffnet sind, entsorgen. Die Riesengarnelen schälen, den Darm entfernen und gründlich waschen.

Das Olivenöl in einem Topf mit schwerem Boden erhitzen. Die Zwiebel schälen, fein würfeln und darin bei mittlerer Hitze etwa 10 Minuten lang dünsten. Dabei oft umrühren, damit die Zwiebelstücke zwar weich, aber nicht braun werden.

Den Knoblauch schälen und mit dem Hackmesser zu einer sehr feinen Paste hacken, in den Topf geben und 1–2 Minuten mitdünsten. Dann die Tomaten mit der Flüssigkeit aus der Dose dazugeben, des Weiteren die gehackte Petersilie und das fein geschnittene Basilikum in die Mischung im Topf streuen. Alles gut vermengen und aufkochen lassen, dann bei niedriger Hitze 15 Minuten lang leicht köcheln lassen, dabei hin und wieder umrühren.

Zuppa di pesce di mia mamma

FISCHSUPPE »ALLA MAMMA«

Dann die in Stücke geschnittenen Fischfilets, die Venus- und Miesmuscheln und die Garnelen sowie den trockenen Weißwein hinzugeben, aufkochen lassen und schließlich die Hitze reduzieren. Bei geschlossenem Deckel 10 Minuten lang nur leicht köcheln lassen – die Hitze darf nicht zu hoch sein, die Fischfilets und Meeresfrüchte sollen nur durchziehen –, dann mit Meersalz und frisch gemahlenem Pfeffer abschmecken.

Anrichten

Die Suppe auf 4 tiefe Teller verteilen und sofort servieren.

Anmerkung

Kurz im Backofen geröstetes Brot passt sehr gut zu dieser aromatischen »zuppa di pesce«, deren Rezept ich von »la mia mamma« vermacht bekommen habe.

Meine zweite mamma, »zia« Maria. Als meine Eltern in Deutschland lebten, nahmen mich Onkel und Tante wie einen eigenen Sohn auf. Noch heute ist unser Verhältnis sehr eng – und sie kocht fast genauso gut wie meine mamma.

Zuppa di pesce di mia mamma

FISCHSUPPE »ALLA MAMMA«

PORKERT

Für die Bohnen

500 g getrocknete Borlottibohnen
3 l kaltes Wasser

Die getrockneten Bohnen in eine große Schüssel geben und mit 3 l kaltem Wasser auffüllen. Die Bohnen 24 Stunden lang einweichen, anschließend das Wasser abgießen.

Für die Suppe

eingeweichte Borlottibohnen (siehe oben)
150 g Suppengemüse (z. B. Zwiebeln, Karotten, Stangensellerie)
ca. 400 g gepökelte, vorgegarte Schweinshaxe am Stück und ohne Knochen (beim Metzger vorbestellen)
1 TL Tomatenmark
grobes Meersalz
frisch gemahlener schwarzer Pfeffer

Die abgetropften, eingeweichten Bohnen in einen großen Topf geben. Das Suppengemüse putzen, in kleine Stücke schneiden und ebenfalls in den Topf geben. Die gepöckelte Schweinshaxe (im Ganzen) sowie 1 TL Tomatenmark dazugeben und mit 2 l kaltem Wasser auffüllen. Den Topf mit einem Deckel verschließen und zum Kochen bringen (die Suppe jetzt noch nicht salzen).

Insgesamt ca. 40 Minuten köcheln lassen, nach etwa 20 Minuten die Bohnensuppe leicht salzen.

Wenn die Bohnen gar sind, die Schweinshaxe aus der Suppe heben und in mundgerechte Stücke schneiden. Die Fleischstücke zurück in die Suppe geben und untermengen. Die Suppe mit grobem Meersalz und frisch gemahlenem Pfeffer abschmecken.

Minestra di fagioli
BOHNENSUPPE

Für das Knoblauchöl

1 Knoblauchzehe
3 EL Olivenöl extra vergine

Während die Bohnensuppe kocht, die Knoblauchzehe schälen, vierteln und in eine Tasse geben. Mit dem Olivenöl bedecken und ziehen lassen. Vor dem Anrichten die Knoblauchstücke entfernen.

Anrichten

Knoblauchöl (siehe oben)
frisch gemahlener schwarzer Pfeffer
geröstetes italienisches Weißbrot

Die Bohnensuppe auf 6 tiefe Teller verteilen, mit dem Knoblauchöl beträufeln, schwarzen Pfeffer darübermahlen und sofort servieren. Dazu passt knusprig geröstetes italienisches Weißbrot.

Für die Linsen

500 g getrocknete braune Linsen
grobes Meersalz

Die Linsen in ein Sieb geben und unter fließendem Wasser waschen, in einen großen Topf geben und mit 2 l kaltem Wasser auffüllen. Den Topf verschließen und die Linsen über Nacht einweichen.

Für die Suppe

eingeweichte Linsen (siehe oben)
grobes Meersalz
10 cl Olivenöl extra vergine
6 Salbeiblätter, fein gehackt
15 g glatte Petersilie, fein gehackt
¼ Zwiebel, geschält und fein gehackt
1 Selleriestange, geputzt und fein gehackt
2 Knoblauchzehen, geschält und fein gehackt
200 g pürierte Tomaten (aus der Dose oder Glas)
frisch gemahlener schwarzer Pfeffer

Die über Nacht eingeweichten Linsen abgießen und mit 2 l Wasser in einem Topf aufkochen lassen. Die Linsen leicht salzen und weich garen, sie sollen aber noch etwas Biss haben – das dauert je nach Linsensorte ca. 30–50 Minuten. Hin und wieder eine Garprobe machen. Werden die Linsen zu stark gesalzen, platzen sie schneller auf. Den Topf vom Herd nehmen und die Linsen zugedeckt bis zur Weiterverarbeitung beiseitestellen.

Das Olivenöl in einem Topf erhitzen und alle fein gehackten Zutaten gut darin andünsten. Dann die pürierten Tomaten dazugeben und leicht salzen. Einige Minuten bei mittlerer Hitze köcheln lassen, dabei hin und wieder umrühren.

Zuppa di lenticchie
LINSENSUPPE

Die gekochten Linsen durch ein Sieb abgießen, dabei das Linsenkochwasser in einer Schüssel auffangen. Die Linsen zu den pürierten Tomaten in den Topf geben. Unter wiederholtem Rühren alles gut durchziehen lassen.

So viel vom aufgefangenen Linsenkochwasser dazugießen, dass die Suppe eine sämige Konsistenz erhält; sie sollte nicht zu flüssig werden. Die Suppe mit Meersalz und frisch gemahlenem schwarzem Pfeffer abschmecken.

Anrichten

6 Scheiben geröstetes italienisches Weißbrot

Je 1 Scheibe geröstetes Weißbrot in 1 Suppenteller legen, mit der Suppe bedecken und sofort servieren.

Claudio Marini, Geschäftsführer der »Groupo Tristán« in Puerto Portals, lediglich einen »Mitbewerber« zu nennen, entspricht nicht der Wahrheit. Denn Claudio ist auch ein guter Freund, sodass wir uns gegenseitig den Erfolg nicht neiden.

In Schlüsselfragen ist übrigens Pietro »il pazientone« Perretti der Mann der Stunde. Der Ex-Profifußballer von AS Taranto Calcio betreibt eine Schlüsselfirma in Mailand; unsere Freundschaft besteht seit 27 Jahren.

400 g frische Saubohnenkerne (italienische Fave-Bohnenkerne)
400 g kalabresische Salsiccia (kräftig gewürzte Wurst aus Schweinefleisch)
2 EL Olivenöl extra vergine
200 g frisches wildes Fenchelgrün (beim Gemüsehändler vorbestellen)
grobes Meersalz

Die dünne weiße Haut der frisch gepalten Saubohnenkerne entfernen. Dazu jeden einzelnen Bohnenkern zwischen 2 Fingern aus dem weißen Häutchen drücken.

Die Salsiccia in 4 Stücke teilen.

Das Olivenöl in einem Topf erhitzen und die Salsicciastücke darin von beiden Seiten ca. 1–2 Minuten goldbraun anbraten. Dann 1 l Wasser hinzufügen und aufkochen lassen.

Die Saubohnenkerne und das Fenchelgrün in die Flüssigkeit geben und etwa 20 Minuten kochen lassen, gegebenenfalls noch etwas Wasser zufügen. Der Eintopf sollte aber nicht zu flüssig sein. Abschließend mit grobem Meersalz abschmecken.

Anrichten

Die »Minestra« auf 4 vorgewärmte Teller verteilen, mit je 1 Salsicciastück belegen und sofort servieren.

Minestra di fave, finocchio selvatico e salsiccia

EINTOPF AUS SAUBOHNEN, WILDEM FENCHELGRÜN UND SALSICCIA

Pasta

Gnocchi

Risotti

Für die Melanzane

300 g Auberginen
grobes Meersalz
2 EL Olivenöl extra vergine
2 Knoblauchzehen
2 Thymianzweige

Die Auberginen waschen, vom Stielansatz befreien und quer in 1 cm dicke Scheiben schneiden. Diese nebeneinander auf ein großes Brett legen und die Auberginenscheiben mit etwas grobem Meersalz bestreuen.

Nach 1 Stunde das Meersalz abspülen, mit Küchenpapier trocken tupfen und die Auberginenscheiben in Stäbchen schneiden.

Das Olivenöl in einer Pfanne erhitzen, die Auberginenstäbchen hinzugeben und von allen Seiten bei mittlerer Hitze ohne Röstaromen anbraten.

Die Knoblauchzehen schälen, in dünne Scheiben schneiden und mit den Thymianzweigen in die Pfanne geben. Die Auberginenstäbchen unter mehrmaligem Schwenken bei milder Hitze ca. 8 Minuten weiterbraten.

Für die Pasta

320 g Pappardelle
grobes Meersalz

Während die Auberginen zubereitet werden, reichlich Wasser in einem großen Topf aufkochen lassen, gut salzen und die Pappardelle im sprudelnd kochenden Salzwasser al dente garen.

Pappardelle alle melanzane

PAPPARDELLE MIT AUBERGINEN

CRIS&ARON 18/10

Fertigstellen

1 kleine Schöpfkelle kochendes Pastawasser (siehe S. 148)
grobes Meersalz
frisch gemahlener schwarzer Pfeffer
2 EL fein gehackte glatte Petersilie

Kurz vor Ende der Garzeit der Pappardelle eine kleine Schöpfkelle voll kochendes Pastawasser in die Pfanne zu den Auberginenstäbchen geben, gut durchschwenken und kurz weiterbraten.

Die garen Auberginenstäbchen mit etwas Meersalz, frisch gemahlenem Pfeffer und gehackter Petersilie abschmecken. Die Thymianzweige entfernen.

Die Pappardelle abseihen, sofort in die Pfanne geben und alles gut durchschwenken.

Anrichten

frischer Parmesan zum Darüberhobeln
4 kleine Thymianzweige

Die »Pappardelle alle Melanzane« auf 4 vorgewärmte Teller verteilen und nach Belieben mit frisch gehobeltem Parmesan und je 1 Thymianzweig garnieren.

Für die Pasta
400 g Spaghetti
grobes Meersalz

Reichlich Wasser in einem großen Topf aufkochen lassen, gut salzen und die Spaghetti im sprudelnd kochenden Salzwasser al dente garen.

Für die Garnelensauce
100 ml Olivenöl extra vergine
1 frische rote Peperoncinoschote
4 Knoblauchzehen
300 g rohe Garnelen, ohne Kopf und Schale
feines Meersalz
frisch gemahlener schwarzer Pfeffer
1 Schöpfkelle kochendes Pastawasser (siehe oben)
2 EL gehackte glatte Petersilie

Während die Pasta kocht, die Peperoncinoschote vom Stiel befreien, längs halbieren, entkernen und in feine Streifen schneiden.

Den Knoblauch schälen und in feine Scheiben schneiden.

Das Olivenöl in einer großen Pfanne erhitzen, die Peperoncinostreifen und die Knoblauchscheiben hinzugeben. Alles gemeinsam farblos anschwitzen.

Dann auch die Garnelen in die Pfanne geben, leicht salzen und pfeffern und von beiden Seiten farblos anbraten.

Spaghetti aglio, olio, peperoncino e gamberi
SPAGHETTI »AGLIO, OLIO, PEPERONCINO« MIT GARNELEN

1 Schöpfkelle des Nudelkochwassers hinzufügen und die Garnelen ein paar Minuten lang köcheln lassen, bis die Garnelen gar, aber innen noch leicht glasig sind.

Die Temperatur ausschalten und die gehackte Petersilie darüberstreuen.

Fertigstellen

Die al dente gekochten Spaghetti abschütten und kurz abtropfen lassen. Dann sofort in die Pfanne geben und 30 Sekunden lang durchschwenken, bis sich alles gut vermengt hat.

Anrichten

Die Spaghetti nach dem Vermischen mit einer Fleischgabel zu Nudelnestern drehen, auf vorgewärmten tiefen Tellern anrichten und sofort servieren.

Spaghetti aglio, olio, peperoncino e gamberi

SPAGHETTI »AGLIO, OLIO, PEPERONCINO« MIT GARNELEN

Für die Pasta

300 g Spaghetti
grobes Meersalz

Während der Zubereitung des Fischs (siehe unten) rechtzeitig einen großen Topf mit Wasser füllen, reichlich salzen und die Spaghetti im kochenden Wasser al dente garen.

Für die Fischsauce

300 g Schwertfischsteak, ohne Haut
3 EL Olivenöl extra vergine
2 Knoblauchzehen
150 ml trockener Weißwein
½ Bund frisch gehackte glatte Petersilie
1 EL gehackte Kapern, nach Belieben
feines Meersalz
frisch gemahlener schwarzer Pfeffer

Den Schwertfisch in mundgerechte Würfel schneiden und beiseitestellen.

In einer großen beschichteten Pfanne das Olivenöl erhitzen. Die Knoblauchzehen schälen und halbieren, in die Pfanne geben und bei geringer Temperatur etwa 5 Minuten lang leicht anbraten; die Zehen sollten nicht zu braun werden.

Dann die Hitze hochregeln und die Schwertfischwürfel hinzugeben. Die Fischwürfel von allen Seiten braun anbraten. Mit dem Weißwein ablöschen und 1–2 Minuten lang einreduzieren lassen, dabei die Fischwürfel jeweils behutsam mit einem Pfannenwender auf die andere Seite drehen.

Die Pfanne vom Herd nehmen, die gehackte Petersilie und nach Belieben etwas gehackte Kapern dazugeben, alles behutsam durchschwenken. Dann mit Meersalz und etwas frisch gemahlenem Pfeffer abschmecken.

Spaghetti al pesce spada

SPAGHETTI MIT SCHWERTFISCH

Fertigstellen

frisch gemahlener schwarzer Pfeffer

Sobald die Spaghetti al dente sind, das Nudelwasser abgießen und die tropfnassen Spaghetti in die Pfanne mit der zuvor zubereiteten Sauce geben. Auf dem Herd alles gut durchschwenken und etwas frisch gemahlenem schwarzem Pfeffer darübermahlen.

Anrichten

Die Spaghetti auf 4 vorgewärmte Teller verteilen und sofort servieren. Dazu einen trockenen, fruchtigen Weißwein reichen.

Geld stinkt nicht, und dieser prachtvolle Fang noch weniger. Auf die Wahl der Lieferanten und Produkte lege ich besonderen Wert – eine Investition, die sogar mein geiziger »consigliere« Juan gutheißt. Schließlich sind auch die Gäste umso zufriedener.

Für den Nudelteig

200 g italienisches Weizenmehl für Pasta Tipo 00 (ersatzweise Weizenmehl Type 405 oder doppelgriffiges Weizenmehl)
3 Eier
1 Prise feines Meersalz

Aus dem Mehl, den Eiern und dem Meersalz den Teig zubereiten (mit einer Knetmaschine geht dies sehr schnell und leicht von der Hand). Anschließend den Nudelteig noch mit der Hand ein paar Minuten durchkneten, er sollte sehr elastisch und glatt sein.

Den Teig in Frischhaltefolie wickeln und ca. 1 Stunde im Kühlschrank ruhen lassen. Unterdessen die Füllung vorbereiten (siehe unten).

Für die Füllung

4 Eigelb
200 g frischer Spinat
250 g Ricotta (möglichst aus Schafsmilch)
50 g Grana Padano, frisch gerieben
1 Prise frisch geriebene Muskatnuss
grobes Meersalz
frisch gemahlener schwarzer Pfeffer

4 kleine Tassen mit Frischhaltefolie auslegen. Je 1 Eigelb in die Mulden geben. Die Tassen im Gefrierschrank ca. 30 Minuten einfrieren. Alternativ ein kleines Muffinblech benutzen.

Während die Eigelbe gefrieren, den Spinat vorbereiten. Dafür einen großen Topf mit reichlich Wasser zum Kochen bringen. Den Spinat von den Stielen befreien und gründlich waschen. Das kochende Wasser salzen und die ganzen geputzten Spinatblätter hineingeben, dann mit einer Schaumkelle unter die Wasseroberfläche drücken. Die Spinatblätter sofort aus dem Wasser schöpfen, sobald sie in sich zusammenfallen. Anschließend die Blätter in reichlich Eiswasser abschrecken. Die blanchierten Spinatblätter mit den Händen gut ausdrücken und grob hacken.

Ravioloni ripieni di tuorli d'uovo, ricotta e spinaci

RIESENRAVIOLI MIT EINER FÜLLUNG AUS RICOTTA, SPINAT UND EIGELB

In einer Schüssel den Ricotta mit dem gut ausgedrückten und grob zerkleinerten Spinat sowie mit dem Grana Padano vermischen. Zu der Füllung frisch geriebene Muskatnuss, Meersalz und frisch gemahlenen Pfeffer geben. Anschließend die Masse in einen Spritzbeutel mit gerader Tülle füllen und beiseitestellen.

Fertigstellen

Nudelteig (siehe S. 158)
feiner Nudelgrieß oder doppelgriffiges Weizenmehl zum Ausrollen
4 gefrorene Eigelb (siehe S. 158)
2 hauchdünne Scheiben Prosciutto cotto (gekochter Schinken), in kleine Stücke geschnitten
grobes Meersalz

Den Nudelteig aus dem Kühlschrank nehmen und in 2 Portionen teilen (die andere Hälfte wieder in die Klarsichtfolie wickeln).

Nun mit einem langen, dünnen Nudelholz oder einer Nudelmaschine schrittweise eine dünne Teigbahn ausrollen, dabei zwischendurch immer wieder mit feinem Nudelgrieß bestreuen. Die ausgerollte Teigbahn auf die Arbeitsfläche legen. Mit dem restlichen Nudelteig ebenso verfahren.

Mit der Ricotta-Spinat-Füllung auf die erste Teigbahn 4 Ringe von ca. 6–7 cm Durchmesser nebeneinander aufspritzen. Diese Ringe sollten einen Abstand von etwa 18–20 cm voneinander haben. Die gefrorenen Eigelbe aus dem Gefrierschrank nehmen, von der Klarsichfolie lösen und pro Ring je 1 gefrorenes Eigelb in die Mitte legen. Darüber etwas klein geschnittenen Schinken geben.

Die ganze Fläche der zweiten Teigplatte leicht mit Wasser bestreichen und mit der angefeuchteten Seite nach unten vorsichtig auf die erste legen. Den Teig rund um die »Hügelchen« mit der Füllmasse mit den Fingern zusammendrücken, sodass die beiden Platten gut zusammenhaften, die Füllung aber nicht zerdrückt wird.

Nun eine Schüssel oder einen Metallring von ca. 12 cm Durchmesser mittig über die »Füllungshügelchen« stülpen und mit Hilfe eines Teigrädchens oder eines Messers rundherum den überschüssigen Teig abschneiden. Auf diese Weise 4 große Ravioloni ausschneiden, und die Teigränder nochmals gut mit einer Gabel festdrücken.

Ravioloni ripieni di tuorli d'uovo, ricotta e spinaci

RIESENRAVIOLI MIT EINER FÜLLUNG AUS RICOTTA, SPINAT UND EIGELB

1 Backpapierbogen (ca. 40 x 40 cm) in 4 Quadrate zuschneiden und nebeneinander auf die Arbeitsfläche legen. Je 1 Raviolono auf je 1 Backpapierzuschnitt legen.

Einen großen Topf mit Wasser füllen und aufkochen lassen, dann reichlich salzen. Je 2 gegenüberliegende Ecken von je 1 Backpapierzuschnitt (mit 1 Raviolono) mit beiden Händen vorsichtig hochheben und die Teigtasche in das kochende Salzwasser gleiten lassen. Dabei das Backpapier zurückbehalten. Auf diese Weise auch die restlichen 3 Ravioloni in das Wasser geben.

Die gefüllten Teigtaschen etwa 5 Minuten kochen lassen. Dann die Ravioloni mit einem Schaumlöffel herausnehmen und abtropfen lassen. Kurz auf ein sauberes Geschirrtuch ablegen, welches das überschüssige Kochwasser aufnimmt.

Anrichten

125 g zerlassene Butter
60 g frisch geriebener Grana Padano
4 frische Salbeispitzen
frisch gehobelter Trüffel, nach Belieben

Während die Ravioloni kochen, die Butter in einem kleinen Topf zerlassen. Dabei darauf achten, dass die Butter nicht zu braun wird.

Je 1 frisch gekochten Ravioloni jeweils auf 1 vorgewärmten Teller legen und mit der sehr warmen, braunen Butter beträufeln, mit reichlich geriebenem Grana Padano bestreuen und mit je 1 frischen Salbeispitze garnieren.

Je nach Belieben die obere Teigschicht der gekochten Ravioloni vorsichtig kreuzweise einschneiden und die Nudelecken dekorativ hochklappen. Dabei darauf achten, dass das Eigelb nicht verletzt wird. Nach Belieben frische Trüffel darüberhobeln und sofort servieren.

Ravioloni ripieni di tuorli d'uovo, ricotta e spinaci

RIESENRAVIOLI MIT EINER FÜLLUNG AUS RICOTTA, SPINAT UND EIGELB

Für das Kaninchen

1 Kaninchen, ca. 1,7–1,8 kg
2 EL Olivenöl extra vergine
1 frische Knoblauchknolle
1 Rosmarinzweig, mit Küchengarn gebunden
3 Zweige glatte Petersilie, mit Küchengarn gebunden
ca. 500 ml trockener Weißwein
6 rote Kirschtomaten
½ frische rote Peperoncinoschote
grobes Meersalz
frisch gemahlener weißer Pfeffer

Das Kaninchen waschen, gut abtrocknen, zerteilen, das Fleisch vom Knochen lösen und in grobe Stücke schneiden.

Das Olivenöl in einem Bräter erhitzen. Die Kaninchenstücke von allen Seiten bei mittlerer Hitze anbraten. Dabei darauf achten, dass das Fleisch nicht gebräunt wird.

Die äußere Schicht der Knoblauchknolle entfernen (nur so viel entfernen, dass die Knolle nicht auseinanderfällt), quer halbieren und hinzugeben.

Das mit Küchengarn zusammengebundene Sträußchen aus Rosmarin und glatter Petersilie dazugeben. Das Fleisch salzen und alles kurz verrühren, 400 ml Weißwein angießen und aufkochen lassen. Dann das Fleisch bei leicht geöffnetem Deckel ca. 40 Minuten leicht köcheln lassen.

Etwa nach der Hälfte der Kochzeit die halbierten Kirschtomaten, die Peperoncinoschote (im Ganzen) in den Bräter geben. Eventuell noch zusätzlich etwas Weißwein hinzufügen, falls die Sauce schon zu sehr einreduziert ist.

Das Kräutersträußchen, die Knoblauchknollenhälften und die Peperoncinoschote aus der Sauce entfernen. Das Kaninchenragù mit Meersalz und frisch gemahlenem weißem Pfeffer abschmecken.

Bucatini all'ischitana con coniglio

BUCATINI NACH ART VON ISCHIA MIT KANINCHEN

Für die Pasta

400 g Bucatini
grobes Meersalz

Während das Kaninchenragù gart, reichlich Wasser in einem großen Topf aufkochen lassen, gut salzen und die Bucatini im sprudelnd kochenden Salzwasser al dente garen. Das Wasser abgießen und die Bucatini kurz abtropfen lassen.

Anrichten

Schnittlauchhalme zum Zusammenbinden der Pasta
etwas frisch geriebener Parmesan

Nach Belieben die noch heißen Bucatini mit Schnittlauchhalmen zu kleinen Pasta-Päckchen zusammenbinden und gemeinsam mit dem Kaninchenragù und etwas frisch darübergeriebenem Parmesan sofort servieren.

Bucatini all'ischitana con coniglio

BUCATINI NACH ART VON ISCHIA MIT KANINCHEN

Für den Sugo

50 ml Olivenöl extra vergine
1 kleine weiße Zwiebel
700 g geschälte, stückelige Tomaten (aus der Dose)
1 Prise Zucker
grobes Meersalz
frisch gemahlener schwarzer Pfeffer

Das Olivenöl extra vergine in einer großen Pfanne erhitzen. Die Zwiebel schälen und fein würfeln, in die Pfanne geben und glasig anschwitzen.

Die geschälten Tomaten hinzufügen und aufkochen lassen. 1 Prise Zucker, etwas Meersalz und frisch gemahlenen Pfeffer hinzugeben und alles 20–25 Minuten leicht köcheln lassen, dabei immer wieder mit einem Holzlöffel umrühren.

Für die Pasta

500 g Spaghetti
grobes Meersalz

Während der Sugo köchelt, rechtzeitig reichlich Wasser in einem großen Topf aufkochen lassen, gut salzen und die Spaghetti im sprudelnd kochenden Salzwasser al dente garen. Das Wasser abgießen und die Spaghetti nur kurz abtropfen lassen.

Für die Polpette

200 g Hackfleisch, nach Belieben (Rinderhackfleisch oder Rind und Schwein gemischt)
1 Knoblauchzehe
150 g Weißbrotbrösel
100 g frisch geriebener Pecorino
2 EL gehackte glatte Petersilie
4 Eier
feines Meersalz

Spaghetti con polpette di carne

SPAGHETTI MIT FLEISCHKLÖSSCHEN

Während der Sugo köchelt, das Hackfleisch in eine Schüssel geben. Die Knoblauchzehe schälen, fein hacken und dazugeben.

Die Weißbrotbrösel, den geriebenen Pecorino, die gehackte glatte Petersilie und die Eier ebenfalls in die Schüssel geben. Alles sehr gut vermischen und mit feinem Meersalz würzen.

Mit einem Teelöffel kleine Nocken von dem Hackfleischteig abstechen und mit kalten, feuchten Händen gleichmäßige Fleischbällchen formen. Die Hackfleischbällchen beiseitestellen.

Fertigstellen

2 Basilikumzweige
vorbereitete Polpette (siehe S. 165–166)
feines Meersalz
frisch gemahlener schwarzer Pfeffer

Die Basilikumblättchen von den Zweigen zupfen und in den Sugo geben.

Die rohen Polpette nebeneinander in den Sugo legen, die Pfanne leicht rütteln – nicht rühren, da die Klößchen sonst zerfallen. Dann die Pfanne mit einem Deckel verschließen und etwa 5–8 Minuten leicht köcheln lassen, bis die Polpette durchgegart sind.

Die gut al dente gekochten Spaghetti in die Pfanne geben, 1–2 Minuten immer wieder durchschwenken, bis alles sehr gut vermengt ist. Nochmals mit feinem Meersalz und frisch gemahlenem schwarzem Pfeffer abschmecken.

Anrichten

frisch geriebener Pecorino zum Darüberstreuen

Die »Spaghetti con polpette di carne« auf 4 vorgewärmten tiefen Tellern verteilen, nach Belieben etwas Parmesan darüberreiben und sofort servieren.

Für das Ragù alla bolognese

150 g Zwiebeln
2 Knoblauchzehen
2 Karotten
3 Stangen Staudensellerie
2 EL Olivenöl extra vergine
500 g durchwachsenes Rinderhackfleisch, nach Belieben auch Rind und Schwein gemischt
grobes Meersalz
frisch gemahlener schwarzer Pfeffer
200 ml trockener Weißwein
800 g italienische geschälte Flaschentomaten aus der Dose

Die Zwiebeln, die Knoblauchzehen und die Karotten schälen, dann alles fein würfeln. Die Selleriestangen waschen, die Fäden abziehen und fein würfeln.

1 EL Olivenöl in einer beschichteten Pfanne erhitzen, die Zwiebelwürfel hinzugeben und unter mehrmaligem Rühren ca. 3 Minuten anschwitzen. Dabei darauf achten, dass die Zwiebeln nicht braun werden. Die Karotten-, Knoblauch- und Selleriewürfel dazugeben und kurz mit andünsten. Den ganzen Pfanneninhalt in einen Topf umfüllen.

Das restliche Olivenöl in die soeben geleerte (und nicht gesäuberte) Pfanne geben, erhitzen. Das Hackfleisch hineingeben, mit grobem Meersalz sowie frisch gemahlenem schwarzem Pfeffer bestreuen und unter Rühren in ca. 5–10 Minuten »krümelig« braten. Mit dem Weißwein ablöschen und vollständig einreduzieren lassen.

Das Hackfleisch zu den Gemüsewürfeln in den Topf geben. Die Dosentomaten klein hacken, dabei den Tomatensaft auffangen und alles in den Topf geben, dann aufkochen lassen.

Nun die Hitze reduzieren und das Ragù zugedeckt mindestens 2 Stunden leicht köcheln lassen, je länger, desto besser – dabei zum Ende der Garzeit den Deckel leicht geöffnet lassen. Sollte die Flüssigkeit zu sehr einreduziert sein, etwas Wasser angießen. Auf jeden Fall muss sich das Fett von der Sauce trennen – schwimmt es oben, ist das Ragù fertig. Abschließend nochmals mit Meersalz und frisch gemahlenem Pfeffer abschmecken.

Für den Nudelteig

700 g italienisches Weizenmehl für Pasta, Tipo 00 (ersatzweise Weizenmehl Type 405 oder doppelgriffiges Weizenmehl)
3 frische Eier
1 Prise feines Meersalz
grobes Meersalz zum Kochen der Teigplatten
feiner italienischer Nudelgrieß zum Ausrollen der Teigplatten (»Semola di grano duro«, ersatzweise doppelgriffiges Weizenmehl)
grobes Meersalz zum Kochen der Teigplatten

Das Weizenmehl auf ein großes Holzbrett geben und mittig eine Mulde formen. Die Eier aufschlagen, leicht verquirlen und in die Mulde geben. 1 Prise feines Meersalz dazugeben und mit den Händen zu einem kompakten Nudelteig vermengen. Wenn der Teig sich nicht gut verkneten lässt, 1–2 TL Wasser hinzufügen. Den Teig ca. 6–10 Minuten mit den Händen kräftig kneten, bis er gleichmäßig ist und leicht glänzt. Den Nudelteig in Klarsichtfolie wickeln und mindestens 1 Stunde lang in den Kühlschrank stellen.

Den Nudelteig aus dem Kühlschrank nehmen und ein ca. 100 g schweres Stück abschneiden. Den restlichen Nudelteig wieder in die Klarsichtfolie wickeln, da er sonst austrocknet. Nun mit einer Nudelmaschine schrittweise dünne Teigbahnen ausrollen, dabei die Teigbahnen immer wieder mit feinem Nudelgrieß bestreuen. Die Teigbahnen quer in ca. 15 cm lange Rechtecke schneiden.

Reichlich Wasser in einem großen Topf zum Kochen bringen und salzen. Die Teigplatten in das sprudelnd kochende Salzwasser gleiten lassen und sofort mit einem Holzlöffel leicht bewegen. Sobald die Nudelplatten an die Oberfläche kommen, die Platten mit einer Schaumkelle aus dem Nudelwasser heben und in Eiswasser abschrecken. Achtung: maximal 4–5 Teigplatten pro Kochvorgang in das Nudelwasser gleiten lassen, da sie sonst aneinanderkleben.

Die abgeschreckten Nudelplatten aus dem Eiswasser nehmen und nebeneinander auf einem sauberen Geschirrtuch aus Baumwolle oder Leinen abtropfen lassen. Auf diese Weise den restlichen Nudelteig verarbeiten, dabei ein- bis zweimal das Nudelwasser ersetzen.

Für die Béchamelsauce

100 g Butter
75 g Weizenmehl (Type 405)
1 l kalte Vollmilch
feines Meersalz
frisch geriebene Muskatnuss

Die Butter in einem Topf aufschäumen lassen. Das Weizenmehl hineingeben und unter ständigem Rühren farblos anrösten, bis sich am Topfboden ein weißer Belag bildet (das Weizenmehl darf nicht braun werden).

Dann sofort mit 250 ml kalter Milch aufgießen und unter ständigem Rühren zum Kochen bringen, die restliche kalte Milch hinzugeben, aufkochen und 10–15 Minuten leicht köcheln lassen, bis der Mehlgeschmack verschwindet.

Die Béchamelsauce vom Herd nehmen und die Sauce mit feinem Meersalz und frisch geriebener Muskatnuss abschmecken.

Für die Lasagne

Lasagneteigblätter (siehe S. 169)
Béchamelsauce (siehe oben)
Ragù alla bolognese (siehe 168)
ca. 200 g Butter
400 g frisch geriebener Parmesan

Den Boden einer Auflaufform mit hohen Wänden mit 1 EL Butter einfetten und ein paar EL Ragù sowie etwas Béchamelsauce als Grundlage hineingeben.

Lasagna alla bolognese

LASAGNE MIT HACKFLEISCHSAUCE

Die Teigplatten je nach Größe in der Form verteilen und eine dünne erste Lage mit der sämigen Béchamelsauce, reichlich Ragù, Butterflöckchen und viel geriebenen Parmesan darüber eben. Das alles sollte eine schön gleichmäßige Schicht ergeben. Beim weiteren Schichten darauf achten, dass sich keine Luftblasen bilden. Um dies zu verhindern, mit einem Zahnstocher jeweils 3–4 Löcher in die Teigplatten, die in der Form liegen, stechen. So weiterschichten, bis mindestens 6 ungefähr gleich hohe Schichten in der Auflaufform übereinanderliegen.

Auf die oberste, abschließende Teigplatte reichlich mit Béchamelsauce verrührtes Ragù geben, Butterflöckchen darüber verteilen und mit geriebenem Parmesan bestreuen. Schließlich in jede Ecke der Form 1 TL Butter setzen.

Die »Lasagna alla bolognese« im auf 180 °C vorgeheizten Backofen (Unter-/Oberhitze) etwa 25–30 Minuten backen. Für eine knusprigere Kruste abschließend den Grill dazuschalten. Die Lasagne wird so leicht gratiniert, ohne dabei allzu hart zu werden, was einen ungewollten Kontrast zur weichen Konsistenz der Lasagnefüllung ergeben würde.

Anrichten

Die »Lasagna alla bolognese« noch in der Form auf den Tisch bringen, in Stücke schneiden und auf die Teller der Gäste verteilen.

Es lag doch wohl nicht an der wunderbar saftigen »Lasagna alla bolognese«?

Lasagna alla bolognese

LASAGNE MIT HACKFLEISCHSAUCE

Für den Sugo

4 EL Olivenöl extra vergine
50 g Butter
4–5 rohe Schweinerippchen
30 g Tomatenmark
2 Flaschen à 680 g passierte Tomaten (»Passata di pomodoro«)
150 ml Wasser
grobes Meersalz
1 Prise Zucker

Das Olivenöl und die Butter in einem großen Topf erhitzen. Dann die Schweinerippchen darin goldbraun anbraten.

Das Tomatenmark ebenfalls in den Topf geben und kurz mit anrösten, dann mit den passierten Tomaten auffüllen. Das Wasser, 2 Prisen grobes Meersalz sowie 1 Prise Zucker hinzufügen und gemeinsam aufkochen lassen.

Die Sauce etwa 1 Stunde bei niedriger Hitze köcheln lassen, dabei hin und wieder umrühren. Vorsicht beim Salzen, da die passierten Tomaten je nach Hersteller manchmal bereits gesalzen sind.

Den Topf vom Herd nehmen, die Schweinerippchen aus dem Sugo nehmen und den Sugo nochmals abschmecken.

Für die Hackfleischbällchen

200 g altbackenes italienisches Weißbrot oder Toastbrot zum Einweichen
500 g Rinderhackfleisch
2 Eier
100 ml trockener Weißwein
80 g frisch geriebener Parmesan
feines Meersalz
frisch gemahlener schwarzer Pfeffer
frisch geriebene Muskatnuss
2 EL Olivenöl extra vergine

Während der Sugo kocht, zunächst das Weißbrot in eine Schüssel legen, mit kaltem Wasser bedecken und ca. 5 Minuten einweichen lassen. Dann das Wasser mit den Händen gut ausdrücken. Etwa 125 g eingeweichtes Weißbrot für die weitere Zubereitung in eine Schüssel geben. Die Weißbrotmasse sollte etwa ¼ des Gewichts vom verwendeten Fleisch entsprechen.

Das eingeweichte Weißbrot mit dem Hackfleisch, den Eiern, dem Weißwein und dem geriebenen Parmesan verkneten. Die Fleischmasse mit Meersalz, frisch gemahlenem schwarzem Pfeffer und frisch geriebener Muskatnuss abschmecken.

Mit einem Teelöffel kleine Nocken von dem Hackfleischteig abstechen und mit kalten, angefeuchteten Händen gleichmäßige Fleischbällchen formen. Die Hackfleischbällchen beiseitestellen.

Das Olivenöl in einer großen Pfanne erhitzen und die Fleischbällchen darin von beiden Seiten braun anbraten. Die Fleischbällchen sollten nicht vollständig durchgebraten sein, da sie beim Backen der Lasagne fertig gegart werden. Die Pfanne vom Herd nehmen und beiseitestellen.

Für die Nudeln

500 g gewellte Lasagneblätter (Lasagne neapolitanischer Art, aus Hartweizengrieß: breite, gewellte Bandnudeln, auch »Reginette« genannt)
grobes Meersalz

Während der Sugo kocht, einen großen Topf mit Wasser füllen, reichlich salzen und die Lasagneblätter im kochenden Wasser garen. Wenn die Lasagneblätter al dente sind, die Pasta vorsichtig abgießen und die Platten in reichlich kaltem Wasser abschrecken, damit sie nicht zusammenkleben. Dann am besten nebeneinander auf einem Küchentuch beiseitelegen.

Für die Lasagne

1 EL weiche Butter zum Einfetten der Auflaufform
Sugo (siehe S. 174)
Lasagneblätter (siehe oben)
350–400 g frischer Ricotta
etwas Vollmilch zum Verdünnen des Ricotta
Hackbällchen (siehe S. 174–175)

250–300 g Büffelmozzarella, in dünne Scheiben geschnitten
250–300 g Provola (süditalienischer Schnittkäse), grob gerieben
2 Eier, hartgekocht und in kleine Würfel geschnitten
100–150 g frisch geriebener Parmesan
2 EL Butterflöcken

Den Boden einer großen Auflaufform mit hohen Wänden mit etwas Butter einfetten und einige Löffel des soeben hergestellten Sugos auf dem Boden gleichmäßig dünn verteilen.

Auf diesen Boden die erste Schicht der Lasagneblätter legen, darüber eine Schicht Ricotta streichen (sollte der Ricotta zu fest sein, mit etwas Milch verrühren und nachsalzen). Auf die Ricottaschicht einige Hackfleischbällchen verteilen, ebenso Büffelmozzarellascheiben und etwas geriebenen Provola.

Als nächste Schicht einige Eierwürfel, etwas Sugo sowie etwas frisch geriebenen Parmesan verteilen. Wiederum mit den Lasagneblättern eine zweite Lage beginnen und schichten, bis die Auflaufform gefüllt ist.

Auf der obersten, abschließenden Lasagneblätterschicht nur noch den restlichen Sugo, etwas frisch geriebenen Parmesan und einige Butterflöckchen verteilen. Im vorgeheizten Backofen bei 180 °C ca. 35–45 Minuten (Unter-/Oberhitze) backen, bis sich die Oberfläche schön goldbraun färbt.

Anrichten

Die »Lasagna alla napoletana« in der Form auf den Tisch bringen, in Stücke schneiden und auf die Teller der Gäste verteilen.

Ein echter Neapolitaner lässt sich diese Dramatik nicht entgehen! Franco »der Adler« Falco, di Napoli, ist ein langjähriger und sehr guter Freund. Er boxt mich auch aus den schwierigsten Situationen heraus …

Lasagna alla napoletana
LASAGNE AUF NEAPOLITANISCHE ART

Für den Gnocchiteig

500 g festkochende Kartoffeln
feines Meersalz
ca. 100–150 g Weizenmehl, Type 405
1 Ei
doppelgriffiges Weizenmehl zum Bestreuen und Formen der Gnocchi

Die ungeschälten Kartoffeln in einen großen Topf geben, mit kaltem Wasser auffüllen, salzen und aufkochen lassen. Die Kartoffeln weich garen, das Wasser abgießen, sofort pellen und noch heiß durch die Kartoffelpresse auf ein leicht bemehltes Holzbrett drücken. Die Kartoffeln kurz ausdampfen lassen.

100 g Weizenmehl darübersieben, 1 gute Prise Meersalz und das verquirlte Ei dazugeben.

Die Zutaten mit den Händen gut vermengen. Nur so viel Mehl dazugeben, dass der Teig weich und glatt, aber immer noch ein wenig klebrig ist. Die Mehlmenge richtet sich nach der Beschaffenheit der Kartoffelmasse.

Die Arbeitsfläche mit dem doppelgriffigen Weizenmehl bestäuben. Den Kartoffelteig in mehrere Portionen teilen. Jede Teigportion daumendick ausrollen und in etwa 1,5–2 cm dicke Stücke schneiden.

Die Teigstücke mit etwas doppelgriffigem Mehl bestäuben, damit sie nicht zusammenkleben. Die Hände dabei immer wieder bemehlen. Nun mit einer Gabel – am besten mit langen Zinken – jedes Teigstück leicht über den Gabelrücken drücken. So entsteht das typische Muster der Gnocchi – diese dann nebeneinander auf ein bemehltes Holzbrett legen und beiseitestellen.

Für das Fischragù

100 g frische Babykalmare (auch Calamaretti, Chipirones genannt)
200 g frisches Seezungenfilet, küchenfertig
200 g frisches Doradenfilet, küchenfertig
2 EL Olivenöl extra vergine
1 Knoblauchzehe

Gnocchetti di patate al ragù di pesce
KARTOFFELGNOCCHI IN FISCHRAGÙ

150 g Mischung aus gehackter Karotte, Stangensellerie und Zwiebel, sehr fein gewürfelt (Brunoise)
10 rote Kirschtomaten
feines Meersalz
4 EL trockener Weißwein

Die Babykalmare einige Minuten kalt wässern. Anschließend je 1 Kalmar aus dem Wasser nehmen und mit einem Ruck die Tentakel (mitsamt den Eingeweiden) von der Tube trennen. Die Tentakel knapp über den Augen abschneiden. Die Augen, den Kopf und die anhängenden Eingeweide entsorgen. Von den Tentakeln die Kauwerkzeuge entfernen. Die Tentakel nochmals waschen und beiseitelegen.

Vorsichtig unter fließendem kaltem Wasser die marmorierte braun-violette Haut so gut wie möglich von den Tuben abziehen, dann nochmals unter fließendem Wasser innen und außen waschen und mit Küchenpapier trocken tupfen.

Die Babykalmare in 2 cm dicke Ringe und das Fischfleisch in mundgerechte Stücke schneiden.

Das Olivenöl in einer großen beschichteten Pfanne erhitzen. Den Knoblauch schälen und fein würfeln, dann gemeinsam mit dem fein gewürfelten Gemüse dazugeben und farblos andünsten.

Nun die Babykalmarringe, die Babykalmartentakel, die Fischstücke sowie die geviertelten Tomaten hinzugeben, etwas salzen, mit dem Weißwein ablöschen. Bei starker Hitze ein paar Minuten einkochen lassen. Abschließend das Ragù nochmals mit Meersalz abschmecken.

Fertigstellen

1 Oreganozweig
1 Basilikumzweig
2 EL Olivenöl extra vergine

Während das Fischragù zubereitet wird, einen großen Topf mit Wasser aufkochen lassen, reichlich salzen und die Gnocchi vom Holzbrett in das kochende Wasser gleiten lassen. Sobald sie an der Oberfläche schwimmen, die Gnocchi mit einem Schaumlöffel herausnehmen und in das Fischragù geben.

Die Blätter von den Kräuterzweigen zupfen und gemeinsam mit dem Olivenöl in das Ragù geben. Die Pfanne gut durchschwenken, bis sich alles gut vermengt hat.

Anrichten

4 frische Basilikumspitzen

Die »Gnocchetti di patate al ragù di pesce« auf 4 vorgewärmte Teller verteilen. Mit je 1 Basilikumspitze garnieren und sofort servieren.

Für die Sepien

600 g kleine frische Tintenfische (Sepien)
½ Zwiebel
½ Knoblauchzehe
3 EL Olivenöl extra vergine
2 EL fein gehackte glatte Petersilie
feines Meersalz
frisch gemahlener schwarzer Pfeffer
100 ml trockener Rotwein

Die Sepien gründlich unter fließendem Wasser reinigen, die braun-violette Haut abziehen, dabei den Schulp vorsichtig herausziehen und darauf achten, dass die Tintenbeutel nicht beschädigt werden. Die Tintenbeutel beiseitelegen.

Die Sepiatuben in Streifen schneiden und beiseitelegen. Die Zwiebel und die Knoblauchzehe schälen und fein würfeln.

Das Olivenöl extra vergine in einem großen Topf erhitzen, dann die Zwiebel- und die Knoblauchwürfel hinzugeben und farblos anschwitzen.

Die gehackte Petersilie unterrühren und mit etwas Meersalz und frisch gemahlenem Pfeffer zu einem »Soffritto« abschmecken. (Dies ist eine typisch italienische Grundlage für eine geschmackvolle Sauce.)

Die in Streifen geschnittenen Sepiatuben ebenfalls in den Topf geben und kurz durchrühren. Alles mit dem Rotwein ablöschen und bei geringer Temperatur im verschlossenem Topf ca. 40 Minuten lang köcheln lassen. Dabei hin und wieder umrühren.

Für den Risotto

1 l Gemüsebrühe
Sepiensauce (siehe S. 182)
300 g italienischer Risottoreis »semifino« (z. B. Vialone Nano)
Tintenbeutel der Tintenfische (siehe S. 182)
feines Meersalz
frisch gemahlener schwarzer Pfeffer

Die Gemüsebrühe in einem extra Topf aufkochen lassen.

Den Risottoreis in den Topf mit der Sepiasauce geben und gut verrühren. Dann nach und nach jeweils ca. 1 Schöpfkelle kochend heiße Gemüsebrühe dazugeben und bei mittlerer Hitze weiterköcheln lassen. Dabei hin und wieder umrühren. Erst wenn der Risottoreis die Flüssigkeit vollständig aufgenommen hat, erneut heiße Gemüsebrühe hinzufügen. Der Risottoreis benötigt zum Garen ca. 17–20 Minuten.

Erst kurz vor Ende der Zubereitung des Risottos die Tintenbeutel ausdrücken, die Tinte in den Topf mit dem Reis geben, gut verrühren und somit den Risotto schwarz färben.

Wenn der Risotto bissfest gegart ist, den Topf vom Herd nehmen, mit Meersalz und frisch gemahlenem Pfeffer abschmecken und 1 Minute ruhen lassen.

Anrichten

Den Risotto kräftig durchrühren, auf 4 vorgewärmte Teller verteilen und sofort servieren.

In jedem Mafiakampf gibt es Gewinner und Verlierer. Die schwarze Witwe ist wohl beides …

Risotto al nero di seppia
RISOTTO MIT SEPIA

Für die Béchamelsauce

40 g Butter
30 g Weizenmehl, Type 405
200 ml kalte Vollmilch
feines Meersalz

Die Butter in einem Topf aufschäumen lassen. Das Weizenmehl durch ein Sieb in die aufgeschäumte Butter geben und unter ständigem Rühren kurz farblos anrösten, bis sich ein weißer Belag am Topfboden bildet. Keinesfalls braun werden lassen.

Dann sofort die kalte Vollmilch unter ständigem Rühren dazugeben und alles zum Kochen bringen. Weiterhin rühren und ca. 1 Minute köcheln lassen, bis die Béchamelsauce andickt. Den Topf vom Herd nehmen und beiseitestellen. Die Béchamelsauce mit feinem Meersalz abschmecken.

Für den Pfannenkuchenteig

3 Eier
150 g Weizenmehl, Type 405
300 ml Vollmilch
1 EL neutrales Pflanzenöl
1 Prise feines Meersalz

Die Eier aufschlagen und in einer Schüssel verquirlen.

Das Weizenmehl in eine zweite Schüssel geben und nach und nach mit einem Schneebesen die Vollmilch, das Pflanzenöl, 1 Prise Meersalz und die verquirlten Eier untermischen. Alles miteinander gut verrühren und dabei darauf achten, dass sich keine Klumpen bilden. Den Teig etwa ½ Stunde ruhen lassen.

Crespelle ripiene

PFANNENKUCHEN MIT SPINAT-RICOTTA-FÜLLUNG

Für die Spinat-Ricotta-Füllung

250 g frischer Spinat
grobes Meersalz
150 g Ricotta
50 g frisch geriebener Parmesan
feines Meersalz
frisch gemahlener schwarzer Pfeffer

Während der Pfannenkuchenteig ruht, kann die Füllung vorbereitet werden. Dazu den frischen Spinat von den Stielen befreien und sorgfältig waschen.

In einem großen Topf reichlich Wasser zum Kochen bringen und salzen. Die Spinatblätter hineingeben und kurz blanchieren. Sobald die Spinatblätter zusammenfallen, diese mit einem Schaumlöffel aus dem Blanchierwasser heben und in Eiswasser abschrecken.

Die blanchierten Spinatblätter gut ausdrücken und mit einem großen Messer hacken. Den gehackten Spinat in eine Schüssel geben und mit dem Ricotta und dem frisch geriebenen Parmesan verrühren. Die Spinat-Ricotta-Füllung mit feinem Meersalz und frisch gemahlenem schwarzen Pfeffer abschmecken.

Crespelle ripiene

PFANNENKUCHEN MIT SPINAT-RICOTTA-FÜLLUNG

Fertigstellen

Pfannenkuchenteig (siehe S. 186)
Spinat-Ricotta-Füllung (siehe S. 188)
Béchamelsauce (siehe S. 186)
30 g frisch geriebener Parmesan
etwas neutrales Pflanzenöl zum Ausbacken der Pfannenkuchen
etwas weiche Butter zum Einfetten der Form

Eine beschichtete Pfanne erhitzen, leicht mit neutralem Pflanzenöl einfetten und nacheinander 8 Pfannenkuchen ausbacken.

Etwas von der Füllung gleichmäßig auf jeden einzelnen Pfannkuchen streichen und zusammenrollen. Die Pfannkuchenrollen nebeneinander und mit den überlappenden Rändern nach unten in eine gebutterte Auflaufform legen. Die Béchamelsauce darübergießen und mit dem geriebenen Parmesan bestreuen. Im auf 150 °C (Umluft) vorgeheizten Backofen etwa 15–20 Minuten überbacken.

Anrichten

nach Belieben etwas Kirschtomatensauce

Die »Crespelle ripiene« aus der Auflaufform heben und diagonal halbieren. Je 4 Hälften auf 4 vorgewärmten Tellern anrichten. Nach Belieben mit etwas Kirschtomatensauce servieren.

Crespelle ripiene

PFANNENKUCHEN MIT SPINAT-RICOTTA-FÜLLUNG

Pesci e crostacei

Fisch und Meeresfrüchte

Für die Kalmare

1 kg frische Kalmare (ca. 12 cm)

Die Kalmare einige Minuten lang in kaltem Wasser wässern. Anschließend je 1 Kalmar aus dem Wasser nehmen und mit einem Ruck die Tentakel (mitsamt den Eingeweiden) vom Kalmarmantel trennen. Die Tentakel knapp über den Augen abschneiden. Die Augen, den Kopf und die anhängenden Eingeweide entsorgen. Von den Tentakeln die Kauwerkzeuge entfernen. Die Tentakel nochmals waschen und beiseitelegen.

Vorsichtig unter fließendem kaltem Wasser die braun-violette, marmorierte Haut von dem Kalmarmantel abziehen und vom Inneren her den Stulp herausziehen. Die Kalmarmäntel nochmals unter fließendem Wasser innen und außen waschen, dann mit Küchenpapier trocken tupfen.

Für die Füllung

250 g Thunfisch, in Olivenöl eingelegt (aus der Dose)
1 Ei
Kalmartentakel (siehe oben)
1 Bund glatte Petersilie
50 g frisch geriebener Parmesan
3 EL trockene Weißbrotbrösel
frischer Abrieb von 1 unbehandelten Zitrone
feines Meersalz
frisch gemahlener schwarzer Pfeffer

Den Thunfisch gut abtropfen lassen. Das Ei aufschlagen und in einer Schüssel leicht verquirlen. Die Petersilie klein hacken und mit dem frisch geriebenen Parmesan unterrühren. Den Thunfisch zerzupfen und die beiseitegestellten Tentakel klein schneiden, dann beides unterheben. Die trockenen Weißbrotbrösel vorsichtig unterheben und die Füllung mit etwas frisch geriebener Bio-Zitronenschale, feinem Meersalz und frisch gemahlenem Pfeffer abschmecken.

Calamari ripieni di tonno

KALMARE MIT THUNFISCHFÜLLUNG

Fertigstellen

3 EL Olivenöl extra vergine
2 Knoblauchzehen, geschält und gehackt
200 ml trockener Weißwein
150 g rote Kirschtomaten, geviertelt
200 ml Gemüsebrühe
grobes Meersalz
frisch gemahlener schwarzer Pfeffer

Die Thunfischfüllung mit einem langen Löffel in die Kalmarmäntel geben und das Loch mit Küchengarn zunähen. Dabei sollten die Kalmare nicht zu prall gefüllt sein.

Das Olivenöl in einer Pfanne erhitzen, die gefüllten Kalmare nebeneinander in die Pfanne legen und von beiden Seiten kurz anbraten. Den gehackten Knoblauch hineingeben und kurz mitanbraten. Dann mit dem Weißwein ablöschen und nur kurz einreduzieren lassen.

Die Kirschtomaten dazugeben und mit der Gemüsebrühe auffüllen. Alles einmal aufkochen lassen, die Pfanne mit einem Deckel verschließen und die Kalmare bei geringer Hitze etwa 50–60 Minuten leicht köcheln lassen, bis sich die Kalmare weich anfühlen, wenn man sie mit einer Gabel ansticht. Sollte die Sauce während des Köchelns zu sehr einreduzieren, mit ein wenig Wasser aufgießen.

Die fertigen Kalmare aus der Sauce nehmen und auf einem Brett 2–3 Minuten ruhen lassen. Die Sauce nochmals mit Meersalz und frisch gemahlenem Pfeffer abschmecken.

Anrichten

4 Zitronenschnitze
knuspriges Weißbrot

Die Nahtstellen der Kalmare mit einem Messer knapp abschneiden und die Mäntel diagonal halbieren. Die Kalmare mit der Sauce auf 4 vorgewärmten Tellern anrichten und sofort servieren. Dazu Zitronenschnitze und knuspriges Weißbrot reichen.

Anmerkung

Alternativ einige Tentakel zurückbehalten und diese kurz vor dem Servieren sehr scharf und kurz in Olivenöl anbraten, leicht salzen, mit etwas frisch gepresstem Zitronensaft beträufeln und zu den gefüllten Kalmaren reichen!

200 g frische Mies- oder Venusmuscheln
4 frische Doraden, à ca. 400 g (vom Fischhändler küchenfertig ausgenommen)
frisch gemahlener schwarzer Pfeffer
grobes Meersalz
6 EL natives Olivenöl extra vergine
4 kleine Rosmarinzweige
4 Thymianzweige
2 Knoblauchzehen
8 rote Kirschtomaten
2 EL gehackte glatte Petersilie
½ Zitrone, Saft

nach Belieben:
1 EL Brandy
1 EL Kapern

Die Muscheln unter fließendem Wasser gut säubern. Dabei solche Muscheln, dic schon geöffnet und beschädigt sind, entsorgen. Die tropfnassen Muscheln in einen Topf geben, mit einem Deckel verschließen und ca. 3–4 Minuten erhitzen, bis sie sich öffnen.

Die Muscheln dann in ein Sieb geben und kurz abtropfen lassen. Muscheln, die sich nicht geöffnet haben, entsorgen. Die geöffneten Muscheln beiseitelegen.

Die Doraden entschuppen, unter fließendem Wasser gründlich waschen und innen sowie außen mit Küchenpapier abtrocknen. Die Rückenflosse und die kleinen Bauchflossen mit einer Schere abschneiden, denn sie bleiben unter Umständen nach dem Garen am Pergament kleben. Weder den Kopf noch die Schwanzflosse entfernen. Dann die Fische mit grobem Meersalz innen und außen einreiben und mit etwas frisch gemahlenem Pfeffer bestreuen.

4 Bögen Back- oder Pergamentpapier (à ca. 40×40 cm) nebeneinander auf die Arbeitsfläche legen. Jeweils die Mitte der Papierstücke – ungefähr in der Größe einer Dorade – mit etwas Olivenöl bepinseln. Je 1 Dorade mittig auf 1 Stück Backpapier legen.

Orata all'acqua pazza
DORADE IN PERGAMENT

Je ½ Rosmarin- und Thymianzweig in die Bauchhöhlen der Doraden stecken.

Die Knoblauchzehen schälen und in feine Scheiben schneiden. Ein paar Knoblauchscheiben in die Bauchhöhlen der Doraden stecken, die restlichen auf die Doraden legen.

Die Kirschtomaten waschen und vierteln, dabei darauf achten, dass die Viertel nicht ganz durchgeschnitten werden und somit die Tomate noch zusammenbleibt. Die Kirschtomaten, die Muscheln in der Schale sowie die restlichen Rosmarin- und Thymianzweige jeweils auf den Doraden verteilen.

Dann mit gehackter glatter Petersilie bestreuen, mit etwas frisch gepresstem Zitronensaft beträufeln. Nach Geschmack noch etwas Brandy und ein paar Kapern hinzufügen.

Abschließend noch jede Dorade mit 1 EL Olivenöl beträufeln.

Das Backpapier jeweils über einer Dorade zusammennehmen und mehrmals zusammenfalten. Die offenen Seiten zusammenkrempeln und mit Küchengarn wie ein Bonbon zusammenbinden; diese Enden leicht nach oben biegen. Dabei darauf achten, dass die Päckchen wirklich gut verschlossen sind.

Die Päckchen nebeneinander auf ein Backblech legen und in dem auf 200 °C vorgeheizten Backofen (Unter-/Oberhitze) etwa 20–25 Minuten garen.

Anrichten

bestes Meersalz, etwa Flor de Sal

Je ein »cartoccio« (»das Eingetütete«) auf einen großen Teller legen und servieren. Das Pergament vor den Augen der Gäste öffnen oder sie selbst öffnen lassen: Ein sehr aromatischer Duft entweicht. Dazu jedem Gast 1 Schälchen mit Flor de Sal reichen.

Anmerkung

»Acqua pazza« heißt wörtlich übersetzt »verrücktes Wasser«. Alternativ 1 Dorade à 1 kg besorgen und am Tisch vor den Augen der Gäste filetieren.

Für die Kalmare

500 g frische Kalmare (ca. 12 cm lang)

Die Kalmare einige Minuten in kaltem Wasser wässern. Anschließend je 1 Kalmar aus dem Wasser nehmen und mit einem Ruck die Tentakel (mitsamt den Eingeweiden) vom Kalmarmantel trennen. Die Tentakel knapp über den Augen abschneiden. Die Augen, den Kopf und die anhängenden Eingeweide entsorgen. Die Kauwerkzeuge von den Tentakeln entfernen. Die Tentakel nochmals waschen und beiseitelegen.

Vorsichtig unter fließendem kaltem Wasser die braun-violette, marmorierte Haut von dem Kalmarmantel (Tube) abziehen und vom Inneren her den Stulp herausziehen. Die Tuben nochmals unter fließendem Wasser innen und außen waschen und mit Küchenpapier trocken tupfen. Die Kalmartuben quer in Ringe schneiden und beiseitestellen.

Für den Sugo

1 kleine Zwiebel
1 Knoblauchzehe
1 Bund glatte Petersilie
4 EL natives Olivenöl extra vergine
150 ml trockener Weißwein
300 g frisch gepalte Erbsenkerne, ersatzweise TK-Produkt
vorbereitete Kalmare (siehe oben)
200 g stückelige Tomaten aus der Dose
grobes Meersalz
frisch gemahlener schwarzer Pfeffer

Die Zwiebel sowie die Knoblauchzehe schälen und fein würfeln. Die Petersilie waschen, trocken tupfen und fein hacken, dann alles miteinander vermischen. In einem großen Topf das Olivenöl erhitzen und darin die Zwiebel-Knoblauch-Mischung auf mittlerer Temperatur farblos anschwitzen.

Calamari al sugo
KALMARE IN SAUCE

Nach 5 Minuten mit dem Weißwein ablöschen und die Flüssigkeit einreduzieren lassen. Die Erbsen, die Kalmar-Tuben-Ringe und die Kalmar-Tentakel dazugeben, gut verrühren. Die stückeligen Tomaten unterrühren und alles mit Meersalz sowie frisch gemahlenem Pfeffer würzen.

Dann zudecken und bei niedriger Temperatur etwa 30 Minuten köcheln lassen, dabei oft umrühren, damit nichts anbrennt. Abschließend nochmals mit Meersalz und frisch gemahlenem Pfeffer abschmecken.

Anrichten

4 Basilikumblätter
knuspriges Weißbrot

Die Kalmare mit der Sauce auf 4 vorgewärmte Teller verteilen, mit je 1 Basilikumblatt garnieren und sofort servieren. Dazu passt ein Risotto mit Petersilie oder knuspriges italienisches Weißbrot.

Die Tochter meines Freundes Angelo Mezzadonna, Alisa

Für die Kräutermischung

50 g Butter
1 Prise feines Meersalz
frisch gemahlener schwarzer Pfeffer
6 EL fein gehackte frische Kräuter nach Belieben (z. B. glatte Petersilie, Rosmarinnadeln, Salbei, Thymian, Majoran)
1 Knoblauchzehe, fein gehackt

Die Butter in einer Pfanne zerlassen, dabei darauf achten, dass sie nicht braun wird. Die Butter in eine kleine Metallschüssel umfüllen und nur kurz abkühlen lassen. Dann mit 1 Prise Meersalz, etwas frisch gemahlenem Pfeffer, den fein gehackten Kräutern und dem ebenfalls fein gehackten Knoblauch gut verrühren.

Als Variante nur etwas fein gehackten Knoblauch, dafür mehr fein gehackte glatte Petersilie mit ausreichend Salz und Pfeffer vermischen. Die Kräutermischung kann außerdem beliebig variiert werden, also etwa auch mit Estragon oder Schnittlauchröllchen.

Für den Fisch

1 frischer ganzer Seeteufel, ca. 1 kg, küchenfertig
etwas weiche Butter zum Einfetten
grobes Meersalz
150 ml trockener Weißwein

Wenn nicht schon beim Fischhändler geschehen, den Seeteufel enthäuten. Mit der Spitze eines scharfen Messers am Rücken des Fischs, parallel zum Mittelknochen, zwei längliche Schnitte anbringen.

Diese Schnitte ganz vorsichtig auseinanderziehen und die Kräuterbutter mit einem Löffel in den Seeteufel geben.

Eine Auflaufform, in die der Seeteufel hineinpasst, mit weicher Butter einfetten und mit etwas grobem Salz bestreuen.

Coda di rospo alle erbe fini
SEETEUFEL MIT KRÄUTERN

Den Seeteufel darauflegen und in den auf 230 °C vorgeheizten Backofen (Unter-/Oberhitze) geben.

Nach 5 Minuten die Hitze auf 180 °C reduzieren, die Hälfte des Weins an der Seite angießen und weitere 20–25 Minuten garen lassen. In dieser Zeit den restlichen Wein angießen und hin und wieder den Fisch mit dem entstandenen Bratfond übergießen.

Anrichten

feinstes Meersalz (etwa Flor de Sal)
frisch gemahlener schwarzer Pfeffer
4 Zitronenschnitze
knuspriges Weißbrot

Den Fisch aus der Auflaufform nehmen, leicht salzen und pfeffern. Dann das Fischfleisch vom Mittelknochen lösen und in Medaillons schneiden. Die Medaillons auf 4 vorgewärmten Tellern anrichten und mit dem Bratfond beträufeln.

Dazu nach Belieben Zitronenschnitze und knuspriges Weißbrot reichen.

Für den Seeteufel

1 kg frischer Seeteufel mit Knochen (Mittelstück)
feines Meersalz
frisch gemahlener weißer Pfeffer
etwas doppelgriffiges Weizenmehl zum Mehlieren, ersatzweise Weizenmehl, Type 405
2 EL Olivenöl extra vergine
200 ml trockener Weißwein
Saft von 3 Limetten
30 g eiskalte Butterstückchen

Wenn nicht schon beim Fischhändler geschehen, den Kopf des Seeteufels und alle unerwünschten Teile entfernen und diesen anschließend enthäuten. Es wird nur der mittlere Teil verwendet.

Das Fischfleisch inklusive Mittelknochen in etwa 2–3 cm dicke Scheiben schneiden und mit Küchenpapier trocken tupfen. Die Fischstücke mit Meersalz und frisch gemahlenem Pfeffer bestreuen. Anschließend in Mehl wenden, das überschüssige Mehl leicht abklopfen.

Das Olivenöl in einer Pfanne erhitzen, den Fisch von beiden Seiten 2–3 Minuten goldgelb anbraten.

Den Seeteufel mit dem Weißwein ablöschen, den frischen Limettensaft dazugeben, dann die Flüssigkeit etwas einkochen lassen. Mit Meersalz und frisch gemahlenem Pfeffer abschmecken.

Die Fischstücke aus der Sauce nehmen und auf einem vorgewärmten Teller beiseitestellen. Die Sauce in einen Mixbecher geben, auch die eiskalten Butterstücke dazugeben und mit dem Stabmixer schaumig aufmixen.

Anrichten

Abrieb von 1 unbehandelten Limette

Die Fischstücke auf 4 vorgewärmte Teller verteilen und mit der schaumig aufgemixten Limettensauce bedecken. Etwas Limettenschale darüberreiben und sofort servieren.

Silvio ist trotz seines Namens und seines Aussehens kein Italiener, serviert aber mindestens genauso charmant bei mir im »Campino«. Er stammt aus Bulgarien und ist einer meiner langjährigen Mitarbeiter.

Meine Freundschaft zu Papou (griechisch »Opa«) datiert eigentlich aus der Nürnberger Zeit. Seine Tochter Vicky heiratete den »Schummler« Angelo. Auch sie kamen nach Mallorca, sodass ein Teil meiner Familie wieder beisammen ist.

Rana pescatrice alle limette

SEETEUFEL MIT LIMETTE

800 g Baccalà (salziger, luftgetrockneter Kabeljau; Klippfisch)
4 EL Weizenmehl, Type 405, zum Mehlieren
1–2 getrocknete Peperoncini, je nach Belieben
2 Knoblauchzehen
150 ml Olivenöl extra vergine

Den Baccalà 48 Stunden vor der eigentlichen Zubereitung wässern. Dafür den Fisch gründlich abspülen und in eine Schale legen, mit reichlich kaltem Wasser bedecken und in den Kühlschrank stellen. Dabei drei- bis viermal das Wasser auswechseln, da sonst zu viel Salz im Fisch zurückbleibt.

Den Baccalà gründlich abspülen und eventuell von Haut und Gräten befreien, dann in 4–5 cm große Stücke schneiden.

Die Fischstücke in Mehl wenden, das überschüssige Mehl vorsichtig abklopfen. Die getrockneten Peperoncino in ca. 1–2 cm große Stücke schneiden und in eine Pfanne geben. Die ungeschälten ganzen Knoblauchzehen sowie das Olivenöl dazugeben, dann die Pfanne langsam erhitzen. Die Baccalàstücke im heißen Olivenöl goldgelb ausbacken.

Anrichten

1–2 getrocknete Peperoncini, je nach Belieben
knuspriges Weißbrot

Die Baccalàstücke auf 4 vorgewärmten Tellern anrichten. Nach Belieben mit den Peperoncinostücken garnieren und dann sofort heiß servieren. Dazu knuspriges Weißbrot reichen.

Baccalà alla zia Maria
KLIPPFISCH NACH ART VON TANTE MARIA

Carne

Fleisch

Für die Marinade

½ l Rotwein (Cirò aus Kalabrien)
2 Rosmarinzweige
2 Thymianzweige
3 Zweige glatte Petersilie
1 Knoblauchzehe

Den Rotwein in eine Schüssel geben und die Rosmarin- und Thymianzweige dazugeben. Von den Petersilienzweigen die Blättchen abzupfen, fein schneiden und ebenfalls hinzugeben. Die Knoblauchzehe schälen, fein hacken und unterrühren.

Für das Fleisch

1 Kaninchen, ca. 1,3 kg, küchenfertig
Marinade (siehe oben)
2 EL Olivenöl extra vergine
30 g Butter
grobes Meersalz
8 frische kleine rote Tropea-Zwiebeln
frisch gemahlener schwarzer Pfeffer

Das Kaninchen waschen und in ca. 8 Stücke teilen.

Die Kaninchenstücke dicht in eine hohe Schüssel schichten und mit der Marinade auffüllen – das Fleisch muss vollständig von der Flüssigkeit bedeckt sein. Anschließend 2 Stunden lang in den Kühlschrank stellen.

Dann das Fleisch aus der Marinade nehmen und gut abtropfen lassen. Die Marinade dabei zurückbehalten.

Coniglio al vino di cirò e cipolle di Tropea

KANINCHEN IN WEIN MIT TROPEA-ZWIEBELN

Das Olivenöl mit der Butter in einem Bräter erhitzen und das Fleisch darin von allen Seiten bei mittlerer Hitze anbraten, dann salzen. Nun das Fleisch mit der Hälfte der Marinade übergießen.

Die roten Tropea-Zwiebeln putzen und das Grüne entfernen. Die Zwiebeln im Ganzen zu dem Fleisch geben. Den Bräter mit einem Deckel verschließen und zum Kochen bringen. Die Hitze reduzieren und alles 1 ½ Stunden leicht köcheln lassen, unterdessen die restliche Marinade in Teilmengen hinzufügen.

Abschließend die Kräuterzweige entfernen und mit Meersalz sowie reichlich frisch gemahlenem schwarzem Pfeffer abschmecken.

Anrichten

Das Kaninchen auf 4 vorgewärmte Teller verteilen, mit der Sauce umgießen und sofort servieren.

4 kleinere Auberginen

Die Auberginen waschen, den Stielansatz entfernen und der Länge nach halbieren. Das Auberginenfleisch vorsichtig mit einem scharfen Messer herausnehmen, dabei darauf achten, die Frucht an der Außenseite nicht zu verletzen. Das Fruchtfleisch beiseitestellen.

Die ganzen Auberginenschalen mit der Außenseite nach unten auf ein mit Backpapier ausgelegtes Backblech legen und in dem auf 250 °C vorgeheizten Backofen (Unter-/Oberhitze) 20 Minuten vorgaren.

Für die Füllung

Auberginenfruchtfleisch (siehe oben)
4 Salsicce (rohe, kräftig gewürzte Wurst aus Schweinefleisch)
3 EL Olivenöl extra vergine
feines Meersalz
½ Peperoncino
½ Bund glatte Petersilie

Während die Auberginenschalen backen, das herausgetrennte Fruchtfleisch der Auberginen in Würfel schneiden. Die Salsicce vom Darm befreien und mit den Fingern in unterschiedlich kleine Stücke zerteilen. Die Stücke auf keinen Fall mit dem Messer schneiden, da die Wurst sonst zu sehr zerdrückt wird.

Das Olivenöl in einem Topf erhitzen und die Auberginenwürfel darin bei mittlerer Temperatur braten. Nach 5 Minuten die Salsicce hinzufügen und alles gemeinsam gut anbraten; die Auberginenwürfel sollen weich und durchgegart sein. Die Peperoncino von den Kernen befreien, fein schneiden und zugeben. Die Petersilie waschen, klein hacken und dazugeben.

Den Topf nun vom Herd nehmen und die Auberginen-Salsicce-Füllung in eine Schüssel füllen, dann mit feinem Meersalz abschmecken und beiseitestellen.

Melanzane ripiene di salsiccia e mozzarella

AUBERGINEN GEFÜLLT MIT SALSICCIA UND MOZZARELLA

Fertigstellen

2 Büffelmozzarelle à 125 g
50 g frisch geriebener Parmesan
2–3 EL trockene Weißbrotbrösel

Den Mozzarella in Würfel schneiden, zu der leicht abgekühlten Auberginen-Salsicce-Füllung geben und alles locker vermischen.

Die Auberginenschalen aus dem Backofen nehmen und sofort füllen. Dazu mit einem Esslöffel die Auberginen-Mozzarella-Masse locker und leicht gehäuft in die Auberginenschalen geben. Dabei darauf achten, dass die Füllung nicht gedrückt wird.

Die gefüllten Auberginen mit dem geriebenen Parmesan bestreuen (nach Belieben etwas trockene Weißbrotbrösel darübergeben) und etwa 10–15 Minuten im Backofen bei 250 °C (Unter-/Oberhitze) gratinieren. Dabei darauf achten, dass die Kruste nicht zu dunkel wird. Gegebenenfalls die Temperatur herunterregeln.

Anrichten

Minzeblättchen zum Garnieren

Die »Melanzane ripiene« aus dem Ofen nehmen und je 2 Hälften auf 4 große Teller geben. Mit den Minzeblättchen garnieren und servieren.

Für das Sauerkraut

1 kleine Zwiebel
50 g durchwachsener Speck
1 EL Schweine- oder Butterschmalz
750 g frisches Fass-Sauerkraut, ersatzweise Sauerkraut aus der Dose
5–6 schwarze Pfefferkörner
1 getrocknetes Lorbeerblatt
2–3 Wacholderbeeren, leicht angedrückt
350 ml leichte Gemüsebrühe
feines Meersalz
1–2 EL Apfelmus
etwas Honig oder Zucker zum Abschmecken
30 g kalte Butterwürfel

Die Zwiebel schälen und fein würfeln. Den Speck in kleine Würfel schneiden. Das Schweineschmalz in einem Topf erhitzen, die Zwiebel- und Speckwürfel dazugeben und einige Minuten farblos anschwitzen.

Das Fass-Sauerkraut kurz abtropfen lassen, mit der Gabel etwas auflockern und in den Topf geben – wird Dosen-Sauerkraut verwendet, das Sauerkraut in ein Sieb geben und das Sauerkraut unter fließend kaltem Wasser zunächst waschen.

Die Pfefferkörner und das Lorbeerblatt zum Kraut geben. Die Wacholderbeeren mit der flachen Messerklinge leicht andrücken und dazugeben.

Dann mit der Gemüsebrühe aufgießen und leicht salzen, im geschlossenen Topf bei mittlerer Hitze 40 Minuten köcheln lassen. Hin und wieder umrühren, bei Bedarf etwas Wasser hinzugeben.

Das Apfelmus unterrühren und nochmals ca. 10 Minuten köcheln lassen, bis das Sauerkraut weich ist. Den Topf vom Herd nehmen und das Sauerkraut mit feinem Meersalz und etwas Honig abschmecken. Abschließend die kalten Butterwürfel unterrühren und 2–3 Minuten ruhen lassen.

Für die Nürnberger Rostbratwürste

Salsicce di Norimberga con crauti
NÜRNBERGER ROSTBRATWÜRSTE MIT SAUERKRAUT

24 Nürnberger Rostbratwürste

Rechtzeitig einen Grill vorheizen – am besten schmecken die Nürnberger Rostbratwürste vom Holzofengrill – und die Rostbratwürste von allen Seiten mit aromatischen Röstaromen grillen.

Anrichten

scharfer oder mittelscharfer Senf nach Belieben

Das Sauerkraut auf 4 Tellern anrichten, darauf je 6 gegrillte Nürnberger Rostbratwürste legen. Daneben einen Klecks Senf setzen und sofort servieren. Dazu schmeckt eine frische bayerische Semmel.

Anmerkung

Immer, wenn ich nach Nürnberg komme, esse ich als Erstes: Nürnberger Rostbratwürste. Denn ohne sie wäre mein Leben ganz anders gelaufen, wäre ich nicht der Pino, der ich heute bin. Außerdem sind sie einfach »molto buone«!

Norimberga, Calabria, Mallorca – jeder hat seine eigene Art, Würstchen herzustellen. Die allerbesten sind natürlich die hausgemachten »salsicce« von meiner mamma!

Salsicce di Norimberga con crauti

NÜRNBERGER ROSTBRATWÜRSTE MIT SAUERKRAUT

8 dünne Kalbsschnitzel à ca. 80 g, etwa 0,5 cm dick
feines Meersalz
8 dünne Scheiben Provola affumicata (geräucherter italienischer Schnittkäse)
100 g frische Babyspinatblätter
8 frische große Salbeiblätter
2 EL Olivenöl extra vergine
150 ml trockener Weißwein
200 ml Gemüsebrühe
frisch gemahlener schwarzer Pfeffer
40 g kalte Butterstückchen

Jeweils 1 Kalbsschnitzel zwischen 2 Lagen Klarsichtfolie oder in einen großen Gefrierbeutel legen. Dann mit einem Plattiereisen auf das Fleisch schlagen und mit gleitenden Bewegungen von der Fleischmitte nach außen drücken. Das Fleisch soll gleichmäßig flach gedrückt werden. Der Fleischklopfer würde das Fleisch zerquetschen oder Löcher hineinreißen. Die plattierten Kalbsschnitzel nebeneinanderlegen und mit sehr wenig Meersalz würzen.

Je 1 Scheibe Provola auf ein Kalbsschnitzel legen.

Die Babyspinatblätter waschen und abtropfen lassen. Jedes Spinatblatt einzeln mit Küchenkrepp trocken tupfen.

Dann die Spinatblätter leicht überlappend (dachziegelartig) auf die Kalbsschnitzel legen. Alles von der Länge her eng zusammenrollen und die Involtini mit Zahnstochern fixieren. Danach von allen Seiten leicht salzen. Auf jedes Schnitzel 1 frisches Salbeiblatt legen und ebenfalls mit einem Zahnstocher fixieren.

Das Olivenöl in einer großen Pfanne erhitzen. Die Involtini nebeneinander in die Pfanne legen und von allen Seiten scharf goldbraun anbraten. Dann mit dem Weißwein ablöschen und auf die Hälfte einreduzieren lassen. Die Gemüsebrühe dazugeben und aufkochen lassen. Die Pfanne mit einem Deckel verschließen und die Hitze reduzieren. Die Involtini ca. 10–15 Minuten bei geringer Hitze leicht köcheln lassen, dabei einmal wenden. Die Gardauer richtet sich nach der Dicke der Involtini.

Involtini di vitello con formaggio e spinaci
KALBSROULADEN MIT KÄSE UND SPINAT

Die Involtini aus der Pfanne nehmen und mit etwas frisch gemahlenem Pfeffer bestreuen. Die Involtini auf vorgewärmte Teller legen und mit Alufolie bedecken.

Die Sauce nochmals stark aufkochen lassen. Ist sie zu dickflüssig, etwas Wasser hinzugeben. Wenn sie zu dünn ist, bei starker Hitze etwas einreduzieren lassen. Die Sauce mit feinem Meersalz und frisch gemahlenem Pfeffer abschmecken. Dann in einen Mixbecher umfüllen, die kalte Butter dazugeben und mit dem Mixstab schaumig aufmixen. Dann die Sauce zurück in die Pfanne geben, die Involtini dazulegen und sie darin noch 1 Minute ziehen lassen.

Anrichten

Die Involtini von den Zahnstochern befreien und diagonal halbieren. Je 4 Involtinihälften in die Mitte von 4 vorgewärmten Tellern setzen und mit der aufgeschäumten Sauce umgießen. Dazu passen knusprig gebratene Rosmarinkartoffeln.

Für das Kalbfleisch

4 Scheiben Kalbfleisch aus der Nuss, à ca. 150 g
2 EL Olivenöl extra vergine
feines Meersalz

Das Fleisch 30 Minuten vor der Zubereitung aus dem Kühlschrank nehmen.

Das Olivenöl in einer Pfanne erhitzen. Die Kalbfleischscheiben leicht salzen und von beiden Seiten bei hoher Temperatur kurz anbraten, dann sofort aus der Pfanne nehmen und auf einem Teller beiseitestellen.

Die Pfanne für die Zubereitung der Tomatensauce bereithalten.

Für die würzige Tomatensauce

2 Knoblauchzehen
3 EL Olivenöl extra vergine
½ frische Peperoncino
250 g stückelige Tomaten aus der Dose
50 g schwarze Oliven
1 EL eingelegte Kapern

Die Pfanne, in der das Fleisch angebraten wurde, nochmals kurz erhitzen. Die Knoblauchzehen schälen und längs halbieren. Das Olivenöl, den Knoblauch und die Peperoncino unzerkleinert dazugeben, alles bei mittlerer Hitze und ständigem Rühren hellbraun anbraten. Ebenso die stückeligen Tomaten dazugeben und aufkochen lassen.

Die Oliven entsteinen und vierteln. Die Kapern abtropfen lassen und zusammen mit den Olivenstiften zugeben. Die Pfanne mit einem Deckel verschließen und die Tomatensauce 3–4 Minuten köcheln lassen.

Fettina di girello alla pizzaiola

KALBFLEISCH GEGART IN WÜRZIGER TOMATENSAUCE

Fertigstellen

2 EL frische Oreganoblättchen
feines Meersalz
frisch gemahlener schwarzer Pfeffer

Die Oreganoblättchen grob schneiden und in die heiße Tomatensauce geben. Die angebratenen Fleischscheiben mit dem entstandenen Fleischsaft in die Tomatensauce geben und so lange die Pfanne rütteln, bis die Fleischscheiben mit Sauce bedeckt sind. Die Pfanne mit einem Deckel verschließen und die Fleischscheiben bei sehr geringer Hitze 4 Minuten leicht köcheln lassen.

Den Herd ausschalten, die Pfanne aber nicht von der Platte nehmen und die Fleischscheiben zugedeckt weitere 6–7 Minuten durchziehen lassen. Dann die Peperoncino aus der Sauce nehmen und mit Meersalz und etwas frisch gemahlenem Pfeffer abschmecken.

Anrichten

frische Oreganoblättchen zum Garnieren

Die Fleischscheiben aus der Sauce nehmen und auf 4 vorgewärmten Tellern anrichten. Mit etwas Tomatensauce bedecken, mit frischen Oreganoblättchen garnieren und sofort servieren.

Anmerkung

»Pizzaiola« ist die »typische« Tomatensauce, die für Pizza verwendet wird, die aber auch zu Pasta oder Fleisch gereicht werden kann. Sie wird üblicherweise mit Oregano verfeinert.

4 dick geschnittene Scheiben Kalbsfilet à ca. 150 g
feines Meersalz
Weizenmehl, Type 405, zum Mehlieren
50 g Butter
frisch gemahlener schwarzer Pfeffer
150 ml Aceto balsamico di Modena

Die Kalbsmedaillons 30 Minuten vor Beginn der Zubereitung aus dem Kühlschrank nehmen.

Das Fleisch mit Küchenpapier trocken tupfen, von beiden Seiten salzen, in dem Weizenmehl wenden und das überschüssige Mehl vorsichtig von den Kalbsmedaillons klopfen.

Die Butter in einer Pfanne aufschäumen und die Medaillons von beiden Seiten kurz darin anbraten, dabei darauf achten, dass die Butter nicht verbrennt. Die Temperatur gegebenenfalls leicht reduzieren. Die angebratenen Kalbsmedaillons mit frisch gemahlenem schwarzem Pfeffer bestreuen.

Den Aceto balsamico in die Pfanne gießen und bei hoher Hitze etwas einreduzieren lassen, dabei darauf achten, dass das Fleisch nicht durchgegart wird. Es soll innen noch leicht rosa sein; der Garvorgang dauert je nach Größe der Medaillons ca. 1–3 Minuten. Während des Reduziervorgangs das Fleisch mehrmals wenden. Die Sauce abschließend nochmals mit feinem Meersalz und frisch gemahlenem Pfeffer abschmecken.

Anrichten

2 EL fein gehackte glatte Petersilie oder Schnittlauchröllchen

Die Kalbsmedaillons in je 3 Tranchen pro Portion schneiden und diese auf 4 vorgewärmte Teller platzieren. Die heiße Aceto-balsamico-Sauce angießen und nach Belieben mit fein gehackter glatter Petersilie oder mit Schnittlauchröllchen bestreuen.

Anmerkung

Dazu passt eine gebratene mediterrane Gemüsemischung nach »Ratatouille-Art« aus Zucchini, Auberginen, Paprika und Zwiebeln – je nach Belieben.

Medaglioni di vitello all'aceto balsamico
KALBSMEDAILLONS MIT ACETO BALSAMICO

Vorbereiten der Rouladen

40 g Rosinen
4 Scheiben à ca. 150 g Kalbfleisch aus der Oberschale, nicht zu dünn geschnitten
½ Bund glatte Petersilie
3 Knoblauchzehen
30 g Pinienkerne
feines Meersalz
frisch gemahlener schwarzer Pfeffer
frisch geriebene Muskatnuss
200 g Pancetta (feiner italienischer, gerollter Bauchspeck), ersatzweise grobe italienische Salami
70 g reifer Pecorino

Die Rosinen in einer kleinen Schüssel mit lauwarmem Wasser bedeckt ca. 10 Minuten einweichen lassen.

Jeweils 1 Kalbfleischscheibe zwischen 2 Schichten Klarsichtfolie legen. Dann mit einem Plattiereisen auf das Fleisch schlagen und mit gleitenden Bewegungen von der Fleischmitte nach außen drücken. Das Fleisch soll gleichmäßig flach gedrückt werden. Der Fleischklopfer würde das Fleisch zerquetschen oder Löcher hineinreißen.

Die dünnen Fleischscheiben nebeneinander anrichten – sind die Scheiben sehr groß, längs halbieren.

Die Petersilie waschen, trocken tupfen und fein hacken. Die Knoblauchzehen schälen und sehr fein würfeln. Alles gemeinsam mit den Pinienkernen in einer Schüssel vermischen.

Die dünnen Kalbfleischscheiben auf der Seite, die belegt wird, mit etwas frisch gemahlenem Pfeffer, feinem Meersalz und frisch geriebener Muskatnuss bestreuen.

Den Pancetta in längliche, ca. 2 cm dicke Streifen schneiden und längs auf die Fleischscheiben legen. Dann die Petersilie-Pinienkern-Knoblauch-Mischung sowie die abgetropften Rosinen gleichmäßig auf die Pancettaschicht geben, dabei die Ränder etwas frei lassen. Den Pecorino mit einem Messer in grobe Stücke schneiden und unregelmäßig darüber verteilen. Die Fleischseiten an der Längsseite nach innen hin leicht umklappen und dann die Scheiben von der Kopfseite beginnend wie eine Roulade zusammenrollen. Die Rouladen mit einem Zahnstocher oder mit Küchengarn fixieren.

Fertigstellen

3 EL Olivenöl extra vergine
1 Zwiebel
1 Karotte
200 ml trockener Weißwein
500 g geschälte Tomaten aus der Dose
600 g Passata di Pomodoro (passierte Tomaten aus der Flasche)
grobes Meersalz
frisch gemahlener schwarzer Pfeffer

2 EL Olivenöl in einem großen Topf erhitzen und darin die gefüllten Rouladen von allen Seiten gut anbraten. Die Zwiebel schälen und fein würfeln, die Karotte schälen und in ca. 0,5–1 cm große Stücke schneiden. Die angebratenen Kalbsrouladen aus dem Topf nehmen und beiseitestellen.

Das restliche Olivenöl in den Topf geben, dann die Karottenstückchen sowie die gehackte Zwiebel darin goldbraun andünsten. Die angebratenen Rouladen wieder zurück in den Topf setzen und kurz weiterbraten, dann mit dem Weißwein ablöschen und kurz einreduzieren lassen.

Die Dosentomaten samt Tomatensaft dazugeben und mit einem Kochlöffel leicht zerdrücken. Auch die passierten Tomaten in den Topf geben, leicht salzen und aufkochen lassen. Etwa 1 ½ Stunden bei niedriger Temperatur garen lassen, anfangs bei geschlossenem Deckel und dann offen, um die Sauce einzukochen.

Dann den Topf vom Herd nehmen und die Sauce mit Meersalz und frisch gemahlenem Pfeffer abschmecken. Den Topf mit einem Deckel verschließen und beiseitestellen.

Anrichten

Die garen »Braciole« in dem Tomatensugo vor dem Anrichten noch mehrere Minuten ruhen lassen. Zu der Sauce passt wunderbar Pasta (etwa Tagliatelle), für die nun das Wasser aufgesetzt werden kann. Die »Braciole napoletane« werden nämlich, lässt man sie ein wenig ruhen, noch besser. Mein Wort darauf!

Anmerkung

»Braciole«, ohne Zusatz, werden normalerweise mit Schweinefleisch zubereitet. Diese typisch neapolitanische Abwandlung jedoch wird mit ganz zartem Kalbfleisch gemacht.

Für die Reduktion

½ l kräftiger, trockener Rotwein
2 EL Honig
3 Rosmarinzweige, feines Meersalz

Den Rotwein mit dem Honig und den Rosmarinzweigen in einen kleinen Topf geben. Auf dem Herd so lange bei hoher Temperatur sirupartig einkochen, bis nur noch etwa 10 EL von der Flüssigkeit übrig sind. Die Rosmarinzweige entfernen, mit wenig feinem Meersalz bestreuen und die Reduktion beiseitestellen. Kurz vor dem Servieren leicht erwärmen.

Für das Rinderfilet

800 g Rinderfilet
feines Meersalz
1 EL Olivenöl extra vergine
frisch gemahlener schwarzer Pfeffer

Das Rinderfilet 30 Minuten vor der Zubereitung aus dem Kühlschrank nehmen.

Während der Wein reduziert, das Rinderfilet mit Küchenpapier trocken tupfen und von Sehnen sowie Fettstreifen befreien. Das Fleisch in etwa 1,5 cm dicke Scheiben schneiden und von beiden Seiten mit feinem Meersalz bestreuen.

Eine Pfanne erhitzen, das Olivenöl hineingeben und sofort die Rinderfiletstücke einlegen. Das Fleisch pro Seite etwa 3 Minuten lang scharf anbraten. Die Rinderfiletstücke aus der Pfanne nehmen und mit frisch gemahlenem schwarzem Pfeffer würzen, dann etwa 1 Minute ruhen lassen.

Anrichten

4 kleine Rosmarinzweige

Die Rinderfiletstücke in Tranchen schneiden und auf 4 vorgewärmte Teller legen. Die warme Rotweinreduktion daneben platzieren und mit je 1 kleinen Rosmarinzweig garnieren. Als Beilage im Ofen gebratene Rosmarinkartoffeln reichen.

Filetto di manzo con riduzione al vino rosso e miele

RINDERFILET MIT ROTWEIN-HONIG-SAUCE

1 Lammkarree, ca. 1,2 kg
feines Meersalz
frisch gemahlener schwarzer Pfeffer

Beim Metzger das Karree vorbereiten lassen; er legt die Rippenknochen frei und befreit das Fleisch von Häuten.

Das Lammkarree 30 Minuten vor der Zubereitung aus dem Kühlschrank nehmen.

Das Karree mit Küchengarn in Form binden – dazu zwischen den Rippenknochen und dem Fleisch das Küchengarn so binden, dass das Fleisch beim ganzen Karreestück ungefähr gleich dick ist. Anschließend salzen und pfeffern, dann kühl beiseitestellen.

Für die Tomaten-Oliven-Kruste

300 g San-Marzano-Tomaten
200 g schwarze Oliven
1 Bund Basilikum
grobes Meersalz
2–3 EL Olivenöl extra vergine

Die San-Marzano-Tomaten waschen, vierteln und von den Kernen befreien, anschließend sehr klein hacken.

Die Oliven entsteinen und in Würfel schneiden. Die Tomaten- und die Olivenstücke in einen Topf geben und vorsichtig erhitzen. Die Blätter des Basilikums abzupfen und fein schneiden. Dann die zerkleinerten Basilikumblättchen unter die Tomaten- und Olivenstücke rühren, salzen und 2–3 EL Olivenöl darübergeben. Alles gründlich verrühren, sodass sich die Zutaten gut vermischen.

Carrè di agnello in crosta di pomodori e olive

LAMMKARREE MIT TOMATEN-OLIVEN-KRUSTE

Fertigstellen

2–3 EL Olivenöl zum Einfetten der Form

Die Krustenmasse in einer gleichmäßigen Schicht auf der rundlichen Oberseite des Karrees verteilen und gut auf dem Fleisch andrücken.

Eine feuerfeste Form mit etwas Olivenöl einstreichen, das vorbereitete Karree mit der Krustenmasse nach oben hineinlegen und das Ganze im auf 180 °C vorgeheizten Backofen (Unter-/Oberhitze) 20 Minuten lang backen.

Das Lammkarree danach aus dem Ofen nehmen, auf ein Brett legen und vor dem Servieren 10 Minuten ruhen lassen.

Anrichten

12 rote Kirschtomaten, kurz in Olivenöl gebraten
Basilikumblättchen zum Garnieren

Das Lammkarree zwischen je 2 Rippenknochen trennen und auf 4 vorgewärmten Tellern anrichten. Je 3 gebratene Kirschtomaten dazu reichen und nach Belieben mit Basilikumblättchen garnieren. Dazu passt eine gebratene mediterrane Gemüsemischung nach »Ratatouille«-Art, etwa aus Zucchini, Paprika, Aubergine und Zwiebeln – je nach Belieben.

Salvatore »l'attore« Briamonte hat vor seiner Gastronomielaufbahn tatsächlich in einigen italienischen Filmen mitgewirkt.

Carrè di agnello in crosta di pomodori e olive

LAMMKARREE MIT TOMATEN-OLIVEN-KRUSTE

1 große Zickleinkeule mit Knochen, ca. 1,5 kg
grobes Meersalz
2 Rosmarinzweige
2 Thymianzweige
2 EL Olivenöl extra vergine
frisch gemahlener schwarzer Pfeffer
1 Estragonzweig
1 EL frisch gehackte Oreganoblättchen
1 EL gelbe ganze Senfkörner
1 frische Knoblauchknolle
200 ml trockener Weißwein

Die Zickleinkeule 1 Stunde vor der Zubereitung aus dem Kühlschrank nehmen, anschließend sauber parieren, dabei alle Häute und Sehnen vorsichtig mit einem scharfen Messer entfernen, ohne die Muskelfasern zu beschädigen.

Die parierte Zickleinkeule von allen Seiten mit grobem Meersalz einreiben. Die Nadeln von 1 Rosmarinzweig abstreifen und fein hacken, die Blättchen von 1 Thymianzweig zupfen und fein hacken, dann damit die Zickleinkeule von allen Seiten einreiben.

Das Olivenöl in einem Bräter erhitzen, die Zickleinkeule dazugeben und von allen Seiten einige Minuten braun anbraten, dann den Bräter vom Herd nehmen.

Die angebratene Zickleinkeule von allen Seiten mit frisch gemahlenem Pfeffer bestreuen. Die Estragonblättchen von dem Zweig streifen und fein schneiden, dann mit den frisch gehackten Oreganoblättchen sowie den ganzen Senfkörnern vermischen und die angebratene Zickleinkeule damit einreiben.

Coscia di capretto al forno con erbette aromatiche

ZICKLEINKEULE AUS DEM OFEN MIT KRÄUTERN

Die ungeschälte Knoblauchknolle quer halbieren und in den Bräter legen, je 1 Rosmarin- und Thymianzweig auf das Fleisch legen und den trockenen Weißwein angießen. Den Bräter ohne Deckel in den auf 180 °C vorgeheizten Backofen (Unter-/Oberhitze) stellen und dort etwa 50–60 Minuten garen lassen. Die Zickleinkeule während des Bratens in den ersten 25 Minuten immer wieder mit dem Weißweinbratenfond übergießen.

Die gegarte Zickleinkeule aus dem Ofen nehmen, in Alufolie einschlagen und 15 Minuten zum Ruhen beiseitestellen. Den Bratenfond nochmals auf dem Herd erhitzen und mit Meersalz und frisch gemahlenem Pfeffer abschmecken.

Anrichten

Die gebratene Zickleinkeule tranchieren, auf 4 vorgewärmte Teller setzen und mit etwas aromatischem Bratenfond beträufeln. Dazu Ofenkartoffeln oder in Butter gedünstete grüne Bohnen servieren.

Coscia di capretto al forno con erbette aromatiche

ZICKLEINKEULE AUS DEM OFEN MIT KRÄUTERN

Dolci

Desserts

3 Eigelb
100 g feiner Kristallzucker
300 g Mascarpone
4 EL brauner Rum, ca. 40 Vol.-%
50 g kalter, starker Espressokaffee
2 Eiweiß

Die Eigelb in eine Schüssel geben und mit dem Handrührgerät kurz schaumig schlagen, 80 g Zucker einrieseln lassen und weiterschlagen, bis eine weißliche Creme entsteht.

Den Mascarpone in eine weitere Schüssel geben, den Rum und den kalten Kaffee dazugeben und mit dem Schneebesen glatt rühren.

Nun die Eigelbcreme mit dem Schneebesen unter den Mascarpone rühren.

In einer weiteren Schüssel die Eiweiß mit dem restlichen Zucker zu steifem, glänzendem Eischnee schlagen. Diesen vorsichtig unter die Creme heben und alles gut miteinander vermischen. Dabei mit dem Teigschaber immer in derselben Richtung rühren, die Schüssel dabei schrittweise etwas drehen.

Die Mascarpone-Kaffee-Creme im Kühlschrank mindestens 1 Stunde lang ruhen lassen.

Anrichten

8 große Amaretti oder 4 Löffelbiskuit

Nach der Kühlzeit die Creme auf 4 großen Desserttellern anrichten. Dazu einen Dessertstellring auf die Teller legen, dann mit einem Löffel gleichmäßig die Creme einfüllen und den Stellring entfernen. Nach Belieben mit Amaretti oder Löffelbiskuit garnieren und sofort servieren.

Crema di mascarpone al caffè
MASCARPONE-KAFFEE-CREME

Für den Cannoliteig

300 g Weizenmehl, Type 405
1 Eigelb
30 g feiner Zucker
30 g zerlassene Butter
1 Prise Salz
ca. 120–170 ml trockener Marsala

Das Weizenmehl mit dem Eigelb, dem Zucker, der zerlassenen Butter, 1 Prise Salz und so viel von dem Marsala mit dem Handrührgerät in einer Schüssel verkneten, dass ein glatter, nicht allzu fester Teig entsteht (die Konsistenz sollte ähnlich wie die von Pastateig sein). Den Cannoliteig in Klarsichtfolie wickeln und 2 Stunden im Kühlschrank ruhen lassen.

Für das Ausbacken der Cannoliröllchen

Cannoliteig (siehe oben)
etwas Weizenmehl Type 405 zum Bemehlen
1 kg Butterschmalz oder 1 l neutrales Pflanzenöl zum Frittieren
4–5 Metallröhrchen (2–3 cm Durchmesser, Sahnerollenröhrchen)
1 Eiweiß, leicht verquirlt zum Bestreichen

Den Cannoliteig aus der Klarsichtfolie nehmen, in 4 Stücke teilen und eines davon abnehmen. Die restlichen Teigstücke wieder in Klarsichtfolie wickeln und kühl stellen.

Das Teigstück leicht flach drücken und mehrmals durch die weiteste Öffnung (Stufe 1) der Nudelmaschine drehen; der Teig muss glatt werden. Die Nudelmaschine auf Stufe 2 stellen und den Teig noch zweimal durchdrehen, dann auf Stufe 3 stellen und einmal durchdrehen – gegebenenfalls die Teigplatte einmal quer halbieren, wenn sie zu lang ist. Beim Durchdrehen den Teig mit etwas Weizenmehl bestäuben.

Falls keine Nudelmaschine vorhanden ist, den Teig alternativ mit dem Nudelholz ca. 2 mm dick auswellen. Die Teigbahnen auf die Arbeitsfläche legen und Kreise von etwa 10 cm ausstechen.

Das Butterschmalz zum Frittieren in einem großen Topf erhitzen.

Cannoli alla siciliana
SIZILIANISCHE TEIGRÖLLCHEN MIT RICOTTAFÜLLUNG

Je 1 Teigkreis um ein Metallröhrchen wickeln, die übereinanderliegenden Teigränder mit etwas Eiweiß fixieren – dabei darauf achten, dass kein Eiweiß an die Metallröhrchen kommt, da sich sonst die frittierten Cannoli nicht ablösen. Je 4–5 Metallröhrchen vorbereiten und gleichzeitig in das heiße Butterschmalz geben. Die Cannoli darin ca. 2–3 Minuten frittieren, bis der Teig außen Blasen wirft.

Die Metallröhrchen aus dem Butterschmalz heben und auf Küchenpapier vollständig abkühlen lassen. Dann die erkalteten Cannoli vorsichtig von den Metallröhrchen lösen und beiseitestellen.

Auf diese Weise den restlichen Cannoliteig verarbeiten – die Teigreste können noch einmal durchgedreht werden. Die dann verbleibenden Reste sind allerdings zu trocken, um sie weiter zu verwenden.

Die frittierten Cannoliröllchen können auch 2–3 Tage zuvor vorbereitet werden: dann in einen luftdichten Behälter geben und erst kurz vor dem Servieren füllen.

Für die Füllung

500 g frischer, fester Ricotta (in Feinkostläden frisch erhältlich, ersatzweise aus Kühltheke)
125–150 g Puderzucker
100 g kandierte Früchte (Mischung aus Orange, Limone und Kürbis), fein geschnitten
30 g grüne ungesalzene Pistazienkerne, grob gehackt
50 g Zartbitterschokolade, klein gehackt

Kurz vor dem Servieren den frischen Ricotta durch ein Sieb in eine große Schüssel streichen. Mit einem Schneebesen den gesiebten Puderzucker – die Menge je nach gewünschter Süße – unterrühren und gut aufschlagen, sodass eine cremige Masse entsteht.

Dann die fein geschnittenen kandierten Früchte, die grob gehackten Pistazien und die gehackte Zartbitterschokolade in die Schüssel geben und alles gut verrühren. Nach Belieben nochmals mit etwas gesiebtem Puderzucker süßen, dann in einen Spritzbeutel füllen.

Fertigstellen

1–2 Prisen gemahlener Zimt
Puderzucker zum Bestäuben

Die Cannoli erst kurz vor dem Servieren füllen, da die Füllung sonst den frittierten Teig aufweicht.

Die Ricottafüllung in jedes Cannolo bis zur Hälfte einspritzen, wenden und am anderen Ende ebenfalls einspritzen. Die »Cannoli alla siciliana« auf eine Servierplatte legen, mit gemahlenem Zimt bestreuen und mit reichlich Puderzucker bestäuben.

Anmerkung

Traditionell wurden Cannoli auf eigens zugeschnittene und gründlich gesäuberte Bambusröhrchen (»la canna« im Italienischen heißt »das Schilfrohr«) gewickelt. Im Handel erhältlich sind heutzutage spezielle Metallröhrchen, welche für die Herstellung von Cannoli unerlässlich sind.

Cannoli alla siciliana

SIZILIANISCHE TEIGRÖLLCHEN MIT RICOTTAFÜLLUNG

Für den Teig

250 g Weizenmehl, Type 405
80 g Zucker
1 TL echter Vanillezucker (aus Vanilleschoten)
2 Eigelb
120 g weiche Butter
abgeriebene Schale von 1 unbehandelten Zitrone

Für den Mürbeteig der Crostata das Mehl auf die Arbeitsfläche sieben, den Zucker und den Vanillezucker darüberstreuen und dann eine Mulde in der Mitte formen. In diese das Eigelb geben. Die weiche Butter rundherum verteilen und die Zitronenschale darüberreiben. Alles zusammen rasch zu einem glatten Mürbeteig verarbeiten, den Teig dabei nicht zu lange kneten. Eine Teigkugel formen und diese in Frischhaltefolie eingewickelt ca. 1 Stunde lang im Kühlschrank ruhen lassen.

Für die Zitronencreme

5 Eier
200 g Zucker
abgeriebene Schale von 2 unbehandelten Zitronen
130 g frisch gepresster Zitronensaft
50 g zerlassene Butter

Während der Teig ruht, die Creme vorbereiten: die Eier in eine Schüssel aufschlagen, mit dem Handrührgerät quirlen, nach 1 Minute den Zucker nach und nach einrieseln lassen und weiterschlagen, bis eine weißliche Creme entsteht. Der Zucker soll sich vollständig auflösen.

Den Zitronenabrieb unterrühren und unter ständigem Schlagen den frisch gepressten Zitronensaft in einem feinen Strahl zugeben. Abschließend, ebenfalls unter ständigem Schlagen, tröpfchenweise die zerlassene Butter dazugeben.

Crostata al limone

CROSTATA MIT ZITRONENCREME

Fertigstellen

weiche Butter zum Einfetten der Form
Weizenmehl, Type 405, zum Ausrollen
1 Eigelb
Puderzucker zum Bestäuben

Eine Tarteform (28 cm Durchmesser) mit weicher Butter einfetten und leicht bemehlen. Den Mürbeteig aus dem Kühlschrank nehmen und kurz kneten, dann ⅔ des Teiges mit den Handballen etwas flach drücken und von allen Seiten mit etwas Weizenmehl bestäuben. Den Teig zwischen zwei Lagen Backpapier, das etwas größer sein sollte als die Tarteform, rund auswellen.

Den oberen Backpapierbogen abziehen, die Teigplatte mit dem unteren Backpapier wenden und in die Form legen, anschließend das nun oben liegende Backpapier abziehen. Die Teigplatte sorgfältig mit den Fingerspitzen in die Form drücken, dabei einen ca. 3 cm hohen Rand ausarbeiten.

Die Zitronencreme gleichmäßig auf dem Teigboden verteilen. Den restlichen Mürbeteig ebenfalls auswellen und mit einem Teigrädchen lange Streifen abtrennen. Die Teigstreifen gitterartig auf der Füllung anordnen, dabei die Enden fest an dem überstehenden Mürbeteigrand fixieren.

Das Eigelb in einer Tasse mit 1 TL Wasser verrühren und gleichmäßig auf das Teiggitter streichen.

Im Backofen bei 180 °C (Unter-/Oberhitze) 30–40 Minuten backen. Das Teiggitter soll goldgelb gebacken sein. Falls es vorher schon zu braun wird, mit einem Stück Alufolie abdecken.

Nach der erforderlichen Backzeit die Crostata aus dem Backofen nehmen und in der Form vollständig auf Raumtemperatur abkühlen lassen. Dann vorsichtig aus der Form lösen und mit Puderzucker übersieben.

Anrichten

Die Crostata in 12 Stücke schneiden und noch am selben Tag servieren.

Costantino kann so schnell nichts die Laune verderben, auch wenn er hier etwas grimmig schaut. Es sei denn, man nennt ihn einen »einfachen« Italiener. Ich kenne den Sarden noch aus meiner Zeit in Nürnberg, holte ihn nach Mallorca und verlasse mich heute wie gestern auf seine Kochkünste.

Crostata al limone
CROSTATA MIT ZITRONENCREME

Für die Ricottacreme

200 g Kristallzucker
180 ml Wasser
400 g frischer Ricotta
1 Tl gemahlener Zimt
80 g Bitterschokolade (ca. 70 % Kakaoanteil), geraspelt
200 g Zitronat, gehackt
30 g grüne Pistazienkerne
60 ml Marsala

Den Zucker und das Wasser in einen Topf geben und verrühren, bis sich der Zucker vollständig aufgelöst hat. Dann aufkochen lassen und in ca. 5–8 Minuten zu einem farblosen Sirup einkochen lassen. Den Topf vom Herd nehmen und den Zuckersirup auf Raumtemperatur abkühlen lassen.

Den Ricotta in einer Schüssel mit einem Schneebesen glatt rühren, dann den abgekühlten Zuckersirup unter ständigem Rühren in einem feinem Strahl hinzugeben und gut unterrühren. Dann den gemahlenen Zimt, die geraspelte Bitterschokolade, das gehackte Zitronat, die grünen Pistazienkerne und den Marsala unterrühren.

Fertigstellen

1 Biskuittortenboden (Fertigprodukt oder s. Rezept Seite 267)
4 cl Maraschino zum Beträufeln
kandierte Kirschen, nach Belieben

Den Tortenboden waagerecht zweimal durchschneiden, am besten mit einem langen Messer. Den Tortenbodendeckel (die oberste Schicht, die als Erstes geschnitten wurde) beiseitelegen. Die restlichen zwei Tortenbodenschichten in ca. 5 cm lange Streifen schneiden und mit dem Maraschino beträufeln.

Eine ausreichend große Form (ca. 25 cm Durchmesser) großzügig mit Klarsichtfolie auslegen, dabei darauf achten, dass die Folienenden weit über den Rand lappen. Die Form bis zum oberen Rand nun mit den getränkten Biskuitstreifen auslegen, dann die Ricottacreme einfüllen und mit dem beiseitegestellten Tortenbodendeckel bedecken. Den Tortenbodendeckel leicht andrücken und die überlappenden Folienenden auf dem Deckel leicht andrücken, damit beim Kühlen keine Ricottacreme austreten kann.

Die Cassata mindestens 5 Stunden in den Kühlschrank stellen. Kurz vor dem Servieren die Cassata aus dem Kühlschrank nehmen, die Folienenden vom Deckel wegklappen und die Cassata auf eine Kuchenplatte stürzen. Die Form abnehmen und die Klarsichtfolie vorsichtig entfernen. Nach Belieben mit kandierten Kirschen dekorieren und kalt servieren.

Für die Creme

4 EL Kristallzucker
4 Eigelb
1 EL Weizenmehl Type 405
500 ml Vollmilch
Abrieb von 1 unbehandelten Zitrone
30 g Kakaopulver

Den Zucker und das Eigelb in eine Metallschlagschüssel geben und mit dem Schneebesen zu einer weißlichen Creme aufschlagen. Das Weizenmehl darübersieben und mit dem Schneebesen vorsichtig unterheben.

Die Vollmilch in einem kleinen Topf erhitzen, dabei nur einmal aufwallen lassen und dann sofort vom Herd nehmen. Die kochend heiße Milch mit dem Schneebesen unter die Eigelbcreme rühren. Dann die Metallschlagschüssel auf ein Wasserbad setzen und die Masse mit dem Schneebesen zu einer schaumigen Creme schlagen (»zur Rose schlagen«). Dabei sollte das Wasser im Wasserbad keinesfalls kochen, da sonst die Creme zu stocken beginnt.

Wenn die Creme die gewünschte schaumige Konsistenz erreicht hat, die Metallschüssel sofort vom Wasserbad nehmen und auf eine mit Eiswürfeln gefüllte Schüssel stellen. Die Creme mit dem Schneebesen so lange schlagen, bis sie mindestens auf Raumtemperatur abgekühlt ist, dann mit etwas frisch geriebener Zitronenschale abschmecken. Die Creme auf zwei Schüsseln verteilen, die eine Hälfte der Creme beiseitestellen. In die andere Hälfte das gesiebte Kakaopulver langsam unterrühren, sodass eine homogene Masse entsteht.

Fertigstellen

1 Biskuittortenboden (Fertigprodukt oder s. Rezept Seite 267)
2 EL brauner Rum 40 Vol.-%
2 EL Alchermes (roter italienischer Gewürzkräuterlikör)
2 EL Cognac

Den Tortenboden waagerecht halbieren, am besten mit einem langen Messer. Die erste Hälfte des Tortenbodens in einen passenden Tortenring mit hohem Rand legen. Die alkoholischen

Flüssigkeiten vermischen und mit der Hälfte die erste Tortenbodenhälfte tränken. Diese erste Schicht mit der Kakaocreme bestreichen.

Nun die zweite Hälfte des Tortenbodens auf die Kakaocremeschicht legen. Den Boden mit dem restlichen Alkohol tränken und mit der beiseitegestellten weißen Creme bestreichen.

Die Torte vor dem Servieren ca. 2–3 Stunden kalt stellen, dann vom Tortenring lösen und kalt servieren.

Für den Pan di spagna

3 Eier, zimmerwarm
1 Prise Salz
130 g Kristallzucker
½ Päckchen Vanillezucker
90 g Weizenmehl Type 405
30 g Maisstärke
1 TL Backpulver
etwas weiche Butter und Weizenmehl für die Form

Die Eier und 1 Prise Salz in der Küchenmaschine oder mit dem Handrührgerät 1 Minute schaumig schlagen. Dann den Kristallzucker und den Vanillezucker zugeben und ca. 5 Minuten weiterschlagen, bis eine luftige weiße Masse entstanden ist. Das Weizenmehl, die Maisstärke und das Backpulver mischen, dann durchsieben und mit dem Schneebesen locker unter die Eimasse heben.

Den Teig in eine gefettete und bemehlte Springform (26 cm Durchmesser) füllen und im vorgeheizten Backofen bei 180 °C (Unter/-Oberhitze oder 160 °C Heißluft) in ca. 30–35 Minuten goldgelb backen. Den Biskuit nach dem Erkalten aus der Form lösen.

Pan di spagne
ITALIENISCHER BISKUITBODEN

Für die Erdbeeren

600–800 g frische Erdbeeren
2–4 EL Kristallzucker
150 ml Orangensaft
3 EL Grand Marnier

Die Erdbeeren waschen, das Grüne entfernen und in die Früchte Scheiben schneiden. Die Erdbeerscheiben in eine Schüssel geben und mit dem Kristallzucker sowie dem Orangensaft vorsichtig vermischen. Die Erdbeeren ca. 10 Minuten marinieren lassen, unterdessen kann die Mascarponecreme zubereitet werden.

Schließlich 150 ml von dem Erdbeermariniersaft abnehmen und in eine kleine Schüssel füllen. Diesen Erdbeersaft mit dem Grand Marnier vermischen und beiseitestellen. Auch die marinierten Erdbeeren mit dem restlichen Mariniersaft beiseitestellen.

Für die Mascarponecreme

4 Eigelb
4 EL Kristallzucker
500 g Mascarpone
4 Eiweiß

Während die Erdbeeren marinieren, die Mascarponecreme zubereiten. Dafür das Eigelb mit 3 EL Kristallzucker in einer Schüssel mit dem Handrührgerät schaumig rühren, bis die Masse weiß wird.

Den Mascarpone in einer weiteren Schüssel zunächst glatt rühren, dann unter die Ei-Zucker-Masse rühren. Das Eiweiß mit dem restlichen Zucker steif schlagen und ebenfalls vorsichtig unterheben.

Tiramisù alle fragole
ERDBEERTIRAMISÙ

Fertigstellen

ca. 200 g Löffelbiskuit
einige Erdbeeren zum Garnieren, nach Belieben

Den Boden einer flachen, rechteckigen Form mit Löffelbiskuits auslegen und diese Schicht mit der Hälfte der Grand-Marnier-Erdbeer-Flüssigkeit beträufeln.

Dann die erste Hälfte der marinierten Erdbeeren darüber verteilen, die Hälfte der Mascarponecreme darübergeben und glatt streichen. Nun eine Schicht Löffelbiskuits auslegen und mit der restlichen Grand-Marnier-Erdbeer-Flüssigkeit beträufeln. Die restlichen marinierten Erdbeeren darüber verteilen und die restliche Mascarponecreme darübergeben, abschließend glatt streichen.

Das Erdbeertiramisù ca. 4–5 Stunden lang kaltstellen. Dann mit frischen Erdbeeren garnieren und kalt servieren. Da das Erdbeertiramisù viel weicher und cremiger als sein Verwandter, das Kaffee-Amaretto-Tiramisù, wird, sollte es mit einem Löffel direkt aus der Form serviert werden.

Für die Walderdbeeren

500 g Walderdbeeren oder gemischte Waldfrüchte (z.B. Waldhimbeeren, -heidelbeeren oder -brombeeren)
Saft von ½ Zitrone
1 TL Kristallzucker

Die verlesenen ganzen Walderdbeeren (beziehungsweise die Waldfrüchte) mit dem frisch gepressten Zitronensaft und dem Zucker 10 Minuten lang marinieren. Unterdessen kann die Mascarponecreme zubereitet werden.

Für die Mascarponecreme

4 Eigelb
120 g Kristallzucker
500 g Mascarpone
250 ml frische Sahne

Während die Walderdbeeren marinieren, die Mascarponecreme zubereiten. Dafür das Eigelb sowie den Zucker in eine Schüssel geben und mit dem Handrührgerät schlagen, bis die Masse weiß ist.

Den Mascarpone in eine weitere Schüssel geben, mit dem Schneebesen glatt rühren und die Eimasse portionsweise unterrühren, bis eine glatte Creme entsteht. Die Sahne steif schlagen und dann unterheben.

Anrichten

6–8 frische Minzeblätter zum Garnieren

Die Mascarponecreme auf Gläser oder Dessertschalen verteilen. Die marinierten Walderdbeeren darübergeben, mit den Minzeblättern garnieren und sofort servieren.

Crema di mascarpone con fragoline o frutti di bosco

MASCARPONECREME MIT WALDERDBEEREN ODER WALDFRÜCHTEN

6 Eigelb
60 g Kristallzucker
100 g Bitterkuvertüre von bester Qualität (ca. 70 % Kakaoanteil), gehackt
100 g Butter, in Würfel geschnitten
60 g Weizenmehl Type 405
3 Eiweiß
weiche Butter und Weizenmehl für die Souffléformen

Das Eigelb gemeinsam mit dem Zucker in eine Schüssel geben und mit dem Handrührgerät so lange schlagen, bis die Masse weiß wird.

Die gehackte Kuvertüre zusammen mit der Butter über einem Wasserbad bei milder Hitze erwärmen, bis eine homogene Masse entstanden ist, dabei immer vorsichtig mit einem Teigschaber umrühren. Dann die Schüssel vom Herd nehmen und die Masse zu der weißen Ei-Zucker-Masse geben, gut verrühren.

Das Weizenmehl darübersieben und vorsichtig unterrühren. Abschließend das Eiweiß steif schlagen und vorsichtig unterheben.

Feuerfeste Souffléformen großzügig mit Butter ausstreichen und innen leicht mit Weizenmehl bestäuben. Die Förmchen zu ⅔ mit der Soufflémasse füllen und im vorgeheizten Backofen bei 200 °C (Umluft) ca. 10 Minuten backen (ohne Umluft ca. 12 Minuten lang).

Anrichten

etwas Puderzucker oder Kakaopulver zum Bestäuben

Die Souffléformen aus dem Backofen nehmen. Sofort das Soufflé mit einem Messer aus der Form lösen und dann auf einen Dessertteller stürzen. Das Soufflé soll innen noch leicht flüssig und außen locker sein. Dann mit Puderzucker oder Kakaopulver bestäuben und heiß servieren. Dazu passt zartschmelzendes Vanilleeis.

»Il pulcinella« Carmelo, der Witzbold in unserer Runde. Früher in der hektischen Gastronomie unterwegs, heute »macht er was mit Internet«.

Sofflé al cioccolato con nucleo fuso
SCHOKOSOUFFLÉ MIT FLÜSSIGEM KERN

CLASSICO

Dank

Ich wurde in einem Haus geboren, das nurmehr eine erstaunlich kleine, in sich zusammengesunkene Ruine ist. Sein herausstechendstes Merkmal ist noch heute der angrenzende Holzofen. Mitten in Olivenhainen gelegen, mit Blick aufs Meer, waren meine ersten Jahre von der kalabrischen Sonne und der Natur geprägt.

Das Leben dort war einfach, schön, aber auch armselig. Deshalb bin ich meinen Eltern und meiner Schwester dafür dankbar, dass sie die schwere Entscheidung gefällt haben, nach Deutschland zu gehen. Auch wenn sie mich dafür erst einmal zurücklassen mussten.

Die Familie lässt einen jedoch nie im Stich: Sie holten mich nach Deutschland, später holte ich sie zu mir.

Über die Jahre hinweg habe ich meine »famiglia« erweitert: Es dauert seine Zeit, wenn eine Beziehung vom oberflächlichen Flachsen und abendlichem Ausgehen zu wahrer Freundschaft wachsen will. Doch die, die es mit mir lange genug ausgehalten haben, sind hoffentlich froh um dieses Band, das uns verbindet. Ich bin es, und ich möchte all jenen danken, die mir – nicht nur für dieses Buch – zur Seite stehen und standen.

Mein Dank für dieses Buch gilt zuallererst meinem Verlag, der Collection Rolf Heyne, und natürlich insbesondere meiner Verlegerin Anja Heyne und ihrem Verlagsleiter Jürgen Welte sowie meiner Lektorin Annika Genning. Sie haben maßgeblich zu der kreativen Konzeption dieses Buchs beigetragen und mir geholfen, meine Geschichte auf so unterhaltsame Weise zu erzählen. Bei meinen Besuchen in der Münchner Maria-Theresia-Straße fühlte ich mich auch ein bisschen wie zu Hause … Nicht zuletzt tragen die kongenialen Bilder von Marc Rehbeck dazu bei, dieses Buch zu etwas Besonderem zu machen. Ein Dank geht auch an Inga Griese, die mit ihrer Fachkenntniss und dem Herzen und Gefühl einer Mutter meine kleine, bescheidene Geschichte mit Bravour zu Papier gebracht hat. Mein Dank geht auch an meine Lebensgefährtin Estefania und an unseren kleinen Nunu: Ihr stärkt mir immer wieder den Rücken und bereitet mir jedes Mal, wenn ich morgens aufwache, Freude. Herzlichen Dank dafür.

Pino Persico

REZEPTREGISTER

Antipasti – Vorspeisen 63–117

Brodi – Suppen 119–145

Pasta – Gnocchi – Risotti 147–189

Pesci e crostacei – Fisch und Meeresfrüchte 191–213

Carne – Fleisch 215–249

Dolce – Desserts 251–277

Die Mengenangaben der meisten Rezepte gelten für 4 Personen. 6–8 Portionen ergeben die Rezepte Zuppa inglese/Pan di spagna, Cassata siciliana, Tiramisù alle fragole, Crema di mascarpone con fragoline o frutti di bosco; 10 und mehr Gäste werden satt mit der Lasagna alla napoletana und dem Soufflé al cioccolato con nucleo fuso.

Meine Familie: papà Francesco, sorella Carmela und mamma Antonietta

Wir danken Air Berlin für die Unterstützung bei der Realisierung dieses Buches.

Impressum

www.collection-rolf-heyne.de

Die im Buch veröffentlichten Texte und Rezepte wurden mit größter Sorgfalt von Verfassern und Verlag erarbeitet und geprüft. Eine Garantie kann jedoch nicht übernommen werden. Ebenso ist eine Haftung der Verfasser und/oder des Verlags und seiner Beauftragten für Personen-, Sach- oder Vermögensschäden ausgeschlossen.

Text: Inga Griese
Fotografie: Marc Rehbeck, Hamburg
Fotoassistenz: Philip Wichmann, Philip Constantine, Ruth Kobbe, Sophie Steubling, Malte Honecker
Hair/Make-up: Anna Neugebauer, Katharina Eckert
Styling: Mirjana Kosic, Martina Rau
Postproduction People/Landscape: Sebastian Burgold

Mein ganz besonderer Dank gilt Tina, Luca und Levi Rehbeck, Inga Wulff und Malte Honecker. Ebenfalls vielen Dank an das »Campino«-Team, Annette Weber und Joachim Hunold – sowie an meinen Freund Pino, der geduldig jede Idee mit mir umgesetzt hat. *Marc Rehbeck*

Rezeptredaktion: Irmgard Rumberger, Ramerberg
Übersetzung der italienischen Rezepte: Claudia Theis-Passaro
Lithografie: Lorenz & Zeller, Inning am Ammersee
Druck und Bindung: Printer Trento, Trento

Printed in Italy

ISBN 978-3-89910-495-0